# 龍神の
# すごい開運日

SHINGO



三笠書房

# はじめに――龍神様と開運日のミラクルな関係

こんにちは！　ＳＨＩＮＧＯ《シンゴ》です。

この本を通じて、あなたにお会いできたことを心からうれしく思っています。

私は**龍神様**について、みなさんにお伝えする活動をしています。

私の龍神様との不思議な出会いについては、前作『龍神のすごい浄化術』（三笠書房）に詳しく書かせていただきました。

今回は**龍神様と開運日**について、そのミラクルな関係、すごい効果について書いてみました。

一粒万倍日《いちりゅうまんばいび》や巳《み》の日、年中行事の初詣や七夕《たなばた》など、開運する特定の日を開運日といいます。

こうした開運日と龍神様には、じつは深い関係があります（本文でわかりやすく説明しましたのでご安心ください）。両者の大事な共通点をひとつ、ここでお伝えするなら、どちらも**「目に見ない不思議な力」**が働いているということです。

日本人は古来、開運日や龍神様などの**「目に見えない力」**をとても大切にしてきました。

私たちのご先祖様たちは、飢饉《ききん》や日照《ひで》り、疫病《えきびょう》などを避けるために、目に見えない力、すなわち**「スピリチュアルな力」**を使ってきたのです。

しかし、科学技術や経済が高度に発展した現代の世界では、ご先祖様たちが大切にしてきたこの「スピリチュアルな力」は軽視されがちです。

これは科学技術や経済の発展に伴い、「目に見えるもの」だけを重視してきたことが原因です。もちろん、そうした社会の発展には、プラスの面はたくさんあります。ただし、社会の発展によって私たちが**心の奥底からの幸せ**を感じられるようになったかといえば、いささか疑問でしょう。

「不幸ではないのだけど、幸せでもない」

こんなふうに感じている日本人が多いと聞きました。

かく言う私も、かつてはそうでした。もしかしたら、あなたもそう感じているかもしれませんね。

私たちが幸せになる秘訣は、「目に見えないもの」を大切にすること、すなわち、「スピリチュアルな力」を大切にすることにあるのです。

**スピリチュアルに目を向けることで、人は幸せになります。**


「スピリチュアルなんて迷信だ」「何の根拠もないし、あやしい」と言われがちでした。ですが昨今、その風向きは大きく変わろうとしています。

テレビ番組では日本のスピリチュアル・スポットとして神社が頻繁に特集されるようになりました。海外からの観光客が、日本の神社や仏閣《ぶっかく》にこぞって参拝する姿も当たり前になりました。雑誌の表紙を見ると、スピリチュアル特集を目にする機会も増えています。さらに、テレビでは占い番組がたいへんな人気を集めています。

そうなのです。多くの人が気づきはじめています。


**「目に見えるもの」だけでは幸せになれない。**

**「目に見えないもの」が大切なのだ。**


この本でフォーカスする「開運日」は「目に見えないもの」の最たるものです。

**開運日のパワーを使うと、「目に見える」物質的な豊かさはもちろんのこと、「目に見えない」精神的な豊かさを手に入れることができます。**


また、スピリチュアルには抵抗がある人でも、「開運日」は最近よく目にするようになった……。そんな感覚の人もいることでしょう。

実際、宝くじ売り場や百貨店などのお財布売り場で「今日は一粒万倍日です」といった案内がされることが増えています。

スピリチュアルに抵抗がある人や詳しくない人にも、「スピリチュアルの世界を好きになってもらいたい！」という気持ちを込めて、この本を書きました。

スピリチュアルを好きになったあなたには、ぜひ**幸せになってもらいたい！**

そんな「スピリチュアル入門書」を世に送り出せたら、どんなにすばらしいだろうという私の思いから、テーマを「開運日」にフォーカスした一冊です。


この本を読んだあなたが、**目に見えないスピリチュアルな力に触れることで、人生の重荷から解放され、自分らしさを取り戻すことができたら――。**

著者として、これ以上のよろこびはありません。


さあ、「龍神のすごい開運日」、まもなくスタートです!!

ぜひ、最後までお付き合いください！

SHINGO

◎目 次



## 第1章 龍神の力で、開運日の運気が急上昇！

# 第2章

# 龍神が教えてくれる！開運日のおすすめ開運アクション

# 第3章 龍神が応援してくれる！年中行事のおすすめ開運アクション

# 第4章

# 開運日にぜひ行きたい！龍神の開運スポット

編集協力　我妻かほり
執筆協力　山下美保子
写真協力　龍ガール nao
取材協力　森本勇矢
本文イラスト　ツルモトマイ
本文DTP　株式会社Sun Fuerza

# 第1章

# 龍神の力で、開運日の運気が急上昇！

# さあ、龍神様と一緒に開運の旅へ！

おめでとうございます！

この本を手に取ったあなたは、**龍神様と深いご縁**で結ばれています。

ご縁がなければ、出会いはありません。人と人との出会いはご縁がつないでくれます。そして、人と本との出会いもご縁です。あなたはこの本と出会いましたということは**あなたは間違いなく、龍神様とのご縁があります。**

この本は龍神様と開運について書かれた本です。

**龍神様と開運は、切っても切れない関係で結ばれています。**

開運する特定の日を**「開運日」**と言いますね。この本は龍神様と開運の関係、そして、開運日について大切なことをたくさんお伝えしていきます。

スピリチュアルな開運の世界を、読むだけで楽しく軽やかに体験できます。

ここで少し想像してみてください。あなたがショッピングに出かけると、素敵なお店でかわいい**龍の置物**にふと目が留まります。

その龍の置物が、あなたを**開運に導く魔法の道具**だったとしたら？　その置物を部屋に飾るだけで、目の前がぱあっと明るく開けるとしたら⁉

なんだか気分がワクワクしてきませんか。

ほっとひと息つくときやふと気になった瞬間に、この本を開いてみてください。開いたページから、運気がアップする具体的な方法や、気持ちが明るくなる情報があなたの目に飛び込んでくることでしょう。紹介されている**開運アクションをするだけで、ラッキーな出来事が次々に起こります!**

例えばお金がピンチのときに、何気なく開けた引き出しの中からお金が突然出てくる。はたまた、昔の友人と偶然再会したら、思いがけない吉報が届く……。

本書の開運アクションは、あなたの人生をキラキラ・ハッピーに導くのです。

## 龍神様の力で幸せの扉が開く!

本書で私があなたにシェアする**開運のヒントは、私が龍神様から教えてもらったものです。**本書をとおして、あなたは龍神様のエネルギーに触れて、龍神様からさまざまな教えを受けることができます。その教えの中には、龍神様にまつわる古い言い伝えや、スピリチュアルな秘密も含まれています。そんな龍神様たちとの交流によって、あなたの新たな**「幸せの扉」が開く**ことでしょう。

この本をガイドに、龍神様と一緒に素敵な冒険の旅に出かけましょう！

読み進めるうちに、あなたの運気が上がり、心が幸せな気持ちで満たされます。龍神様と開運日の世界に触れることで、人生がより豊かで実りあるものに変化していくのを実感していただけると思います。

龍神様との絆《きずな》が深まるにつれ、開運日に運気を上げる知識もどんどん増えていきます。あなたの身の回りの人たちに、運気を上げる知識をシェアすることで、あなたはもちろん、身の回りの人たちも同じように幸運に恵まれます。

そんな素敵な**「幸運の連鎖」が、あなたを起点に広がっていく**のです。

この本を閉じるとき、あなたの笑顔が自然にこぼれて、温かい気持ちで心が満たされている……。それが実現するなら、これ以上の幸せはありません。

龍神様と過ごす開運日の物語が、あなたの人生に**新しい希望の光**をもたらすことを願っています。

さあ、おいしいお茶でも飲みながら、ゆっくりとこの物語を楽しんでください。

あなたの運気アップを、誰も止めることはできません！

この物語が終わるころには、数多くの素敵な出会いと感動を体験していることでしょう。

笑顔と幸せがどんどんあふれ出す、すばらしい毎日がはじまるのです。

**いよいよ幕開けです！**

# そもそも龍神様って何？

本書は龍神様の開運本です。「私は龍について、あまり詳しくないので……」という方もご安心ください！　本題の前に、龍について簡単に説明しておきますね。

龍は、古来より東洋を中心に広く信仰されてきた神秘的な生き物です。

特に日本では、神聖な**水の神様**として親しまれてきました。空を飛ぶ龍は雲や雨を自在に操るとされ、農耕する人々にとって雨を司《つかさど》る大切な存在でした。なぜなら、雨が降らないと農作物が育たないからです。

古代の朝廷（天皇）が呪術を駆使する僧侶に雨乞《あまご》いを依頼し、僧侶が龍を呼び出すことで実際に雨が降ったという史料が多数残っています。また、**龍は天と地**

**をつなぐ能力を持つ**とされました。天である宇宙のエネルギーを、地で暮らす人々にもたらす役割を龍は果たしていると信じられていたのです。

龍は人間ひとりに1柱《はしら》（龍は神様なので、神様の数え方である〝柱〟という単位を使います）がついていて、その人を守護しています。この龍を**「守護龍《しゅごりゅう》」**と呼びます。守護龍は人間の成長と発展をサポートする存在です。

もちろん、本書を読んでいるあなたにも龍はついていて、あなたを守護しています。私は守護龍を視《み》られる特殊能力を身につけています。**龍がどれほど人間のことを愛しているか、**そのすばらしい現場をたくさん目撃してきました。

龍を視てきた私の経験から、龍には得意技が5つあることがわかりました。

私はこの得意技を**「龍の五大得意技　5つのジョー」**と表現しています。

なぜ、「5つのジョー」なのでしょうか？　その理由は、龍の得意技はすべて〝ジョー〟という文字からはじまるからです。それぞれ、紹介しますね！

**①情熱**（じょうねつ）
**②上昇**（じょうしょう）
**③成就**（じょうじゅ）
**④情報**（じょうほう）
**⑤浄化**（じょうか）

**①情熱**……龍の力に触れると**前向きなパワーが出て元気になります。**多くの経営者やアスリートが龍を好んでいます。それは、龍の前向きなパワーを借りて、自分のパフォーマンスを最大化させたいからです。
龍の置物や写真を部屋に置いておくだけで、元気が出てきます！

**②上昇**……龍は人間の**人生を大きく変化させます。**普通の女性の会社員がヒーラーとして超有名になったり、ごく普通の主婦が本を出版してベストセラーになったりするなど、人生のステージをズドーンと変える威力

があるのです。**龍はお金とも縁が深く、金運を「上昇」させるのも得意です。**臨時収入が100万円以上入ってきたケースもあります。

**③成就……**龍は**人間の夢を叶《かな》えることが大好きです。**龍にお願いごとをすると、その夢を必ず叶えてくれます。

龍は人間を応援したり、人間の行動を後押ししたりすることを好みます。龍は人間の願望を成就させることに、よろこびを感じるのです。

**④情報……**龍は**知恵や知識を司る叡智《えいち》の神様**でもあります。人間の悩みの解決方法や、今後の方向性などを指示してくれるのです。

**⑤浄化……**龍は水の神様です。水の「流れ」の**「流」は「龍」と同じ意味を持ちます。**水がよどみやくもりを押し流してくれるように、**龍のエネルギーは、人間の「邪気《じゃき》」を押し流してくれるのです。**

## 龍にはどんな種類があるの？

龍には４つの種類があります。

①自然龍
②守護龍
③霊龍（スピリットドラゴン）
④宇宙創生の龍

順番に説明していきましょう。

## ①自然龍

自然龍とは、森や川や海、湖や洞窟《どうくつ》などの自然の中にいる龍です。

昔の人はさまざまな自然の中に龍を見ていました。

**自然龍の役割はその場所にとどまり、その場所を守ることです。**また、その場所を訪れた人には龍のエネルギーを流して、幸運を授けてくれるのです。神社にいる龍も自然龍です。

## ②守護龍

**守護龍は人を見守り、手助けしてくれる龍です。**

自然龍と守護龍の違いは「霊《れい》」と同じです。自然の中にいる「霊」とは木の精霊、水の精霊です。一方で、人を守る霊もいます。それを「守護霊」といいますね。自然龍は、自然の中にいる龍。守護龍は人を守る龍。精霊と守護霊の違いが、自然龍と守護龍の違いにも通じていると思ってください。

守護龍の色はさまざまです。守護龍の色と得意分野を整理しておきましょう。

**金龍《きんりゅう》**……人の役に立つのが大好きな龍です。**華《はな》があるため、人前に出る仕事をする人につく傾向にあります。**お笑い芸人やタレント、講演家や事業家についていることが多いです。

**白龍《はくりゅう》**……スピリチュアルな能力が高い龍です。**サイキックやチャネリング能力がある人につくことが多いです。**カウンセラーやスピリチュアル関連の人（ヒーラーや占い師など）についていることが多いです。

**黒龍《こくりゅう》**……覚醒の龍と呼ばれています。黒龍は**その人が隠している能力を一気に解放します。**リーダーや経営コンサルタントについていることが多いです。

**赤龍《せきりゅう》**……情熱の龍です。赤龍に触れると、前向きなエネルギーが湧き、ポジティブな気分になります。芸能人にたとえるなら松岡修造さんのような龍です（笑）。**スポーツ選手や、会社の社長についていることが多いです。**

**緑龍《りよくりゅう》**……安心と癒しの龍です。この龍は実家に帰ったかのような安心感を持っています。また、傷ついた気持ちを癒してくれる力もあります。**セラピストやカウンセラーについていることが多いです。**

**青龍《せいりゅう》**……猪突猛進《ちょとつもうしん》、前進の龍です。一直線に前へ進む力があるので、誠実に真面目に実行する人、具体的には**秘書や経理を仕事にしている人についていることがあります。**また、水の力を帯びていることから、癒しの力もあります。そのため、看護師など医療従事者についていることもあります。

**紫龍《しりゅう》**……赤龍の情熱と青龍のまっすぐさをあわせ持つ紫の龍は、**人を率いるリーダータイプの人についていることが多いです。**経営者や事業のリーダーについていることが多いです。

**虹龍《こうりゅう》**……バイタリティの龍です。この龍がついている人は何でもできる人です。

超人的に何でもこなしてしまうので、他の人から憧れの的となりやすく、**インフルエンサーや、個人事業主に多くついています。**

自分についている龍を知りたかったら、自分の直感に従ってください。「ピン！」とくる龍が、あなたの守護龍の可能性が高いです。

### ③霊龍（スピリットドラゴン）

じつは一人ひとりの〝内側〟にも龍が存在しています。その龍は「内側に宿る龍」として〝霊龍〟と呼ばれています。

一般的に〝自然龍〟や〝守護龍〟という存在は、私たち個人と目に見えない存在として外の世界でつながります。しかし霊龍は、**個々内なるスピリットドラゴンとしてその人自身を愛し、サポートし、導く存在**です。

誰の中にも生まれつき宿るスピリットドラゴンは、その人が本当に望む生き方が実現するよう、常にインスピレーションを通して気づきを与えてくれます。

そして、その人をときに内側からパワフルに動かし、ときに内なる声としてガイドしてくれます。

本人が内なるスピリットドラゴンの存在に気づき、つながりをさらに深めていくと、その人自身がますますスピリチュアルな存在へと変化していきます。

内なるスピリットドラゴンがあなたの中で覚醒すればするほど、**あなた自身も本来の能力を発揮することができるようになる**のです。

数年前、私は「神の島」として知られている、沖縄県の久高《くだか》島のイシキ浜で瞑《めい》想《そう》していました。

そのとき自分の心の中に、スピリットドラゴン——龍がいることに気づいたのです。私はスピリットドラゴンと出会った瞬間、頭が真っ白になりました。意識が遠のいて龍と一体になる感覚が湧いてきました。あれこそまさに、「覚醒」の体験だったと感じます。

スピリットドラゴンと出会い、龍の覚醒の体験をしてからというもの、人生にますます大きな変化が生まれました。

私自身の変化・成長がどんどん加速したのです。次々と幸運に恵まれ、奇跡ともいうべき出来事が起こり続けました。スピリットドラゴンと出会ったことで、龍とのつながりが深まったからだと思います。

スピリットドラゴンの導きを受けるには、**自分の心に正直に生きる**ことです。スピリットドラゴンはあなたの**「魂の声」**として、人生を導いてくれるのです。

## ④ 宇宙創生の龍

龍について研究をしていると、**世界中にさまざまな宇宙創生の龍の伝説が不思議と存在している**ことに気がつきます。

宇宙を創造した龍についての言い伝えが残っている地域が、この地球上に何カ所もあるのです。代表的な宇宙創生の龍を紹介しましょう。

◆ティアマト

ティアマトは、バビロニア神話やシュメール神話における創造神話の龍女神です。彼女は水の神で、体の半分が天になり、残り半分が地になったといわれています。この神話によれば、宇宙のすべては龍の体でできているということですね。

◆伏羲《ふくぎ》と女媧《じょか》

中国神話では、伏羲と女媧という神様が宇宙を設計し、人類を創造したと考えられています。二神とも上半身は人間で、下半身は龍の姿をしています。

伏羲は片手に曲がった定規を、女媧はコンパスを持っています。

◆ケツァルコアトル

ケツァルコアトルは、アステカ神話に登場する羽のあるヘビであり、龍です。マヤ神話ではククルカンとも呼ばれます。人類に火をもたらした創造神として崇拝されていました。

メキシコには「ククルカンのピラミッド」と呼ばれる有名な遺跡があります。

◆ナーガ

インドを起源とする蛇神です。水の神様として知られ、インドのみならず東南アジアの寺院には、ナーガをモチーフとした仏像が散見されます。

ナーガは世界に水をもたらしたとされ、この世界の創造神であると伝えられています。

## ◆父龍と母龍

沖縄の伝説では、2匹の龍が世界の創造に関わっています。1匹は「父龍」、もう1匹は「母龍」と呼ばれています。父龍の正式名称を天龍《てんりゅう》大御神《おおおんかみ》、母龍を天久《あめく》臣《しん》乙女《おとめ》王御神《おうおんかみ》といいます。彼らは現在の沖縄の島々を創造し、沖縄に初めて降り立った神様とされています。風と水と火の三兄弟の龍神を産みます。

世界各地に特色ある文明が生まれ、その文化や宗教には違いがあります。それなのに龍による宇宙創生の伝説が共通して残っているのは、とても興味深いですね。

これは、**龍という存在が人類共通の潜在意識の中に埋め込まれている**からだと考えられます。

だからこそ文明や宗教が異なっていても、多少の形は変えながら、龍という共通の存在を人々は意識したのでしょう。

## 「悪者の龍」は、本当は存在しない!?

西洋では昔から、龍が**「悪の存在」**として登場する事例がたくさんあります。代表的な例として、大天使ミカエルが龍を退治する絵画や彫刻が残っています。

一方で東洋の中国や日本の龍は、人間の味方をしてくれる**「善の存在」**として描かれることが多いのです。

ではなぜ、西洋の龍は悪者が多いのでしょうか。諸説ありますが、前述したシュメール神話の創造神であるティアマトが凶暴であったことが、ヨーロッパ文明における「龍＝悪の存在」という印象のはじまりだといわれています。

ただし、私は少し違う考え方をしています。

龍退治の伝説では、龍を退治した人物はその後、必ず飛躍的な成長を遂げます。例えば国を救う英雄になったり、美しい姫を娶《めと》ったり、はたまた莫大《ばくだい》な富に恵まれたりしています。

こうしたことから、西洋の龍は一見すると悪者のようで、じつは**人に試練を与えて成長させ、結果としてその人を応援する存在**ではないかと思うのです。

## ◇八岐《やまた》大蛇《のおろち》退治で、暴れん坊の素戔嗚尊《すさのおのみこと》が英雄に!?

このことに気がついたのは、日本神話の八岐《やまた》大蛇《のおろち》伝説がきっかけでした。

日本の龍にしては珍しく、八岐《やまた》大蛇《のおろち》は悪い龍として日本の神話に登場します。

八岐《やまた》大蛇《のおろち》を倒したのは、素戔嗚尊《すさのおのみこと》。伊弉諾尊《いざなぎのみこと》と伊弉冊尊《いざなみのみこと》の間に生まれた、天照《あまてらす》大神《おおみかみ》の弟です。

八岐《やまた》大蛇《のおろち》を倒すまでの素戔嗚尊《すさのおのみこと》はたいへんな暴れん坊で、その乱暴ぶりにショックを受けた天照大神が、天岩戸《あめのいわと》に隠れて日本中が真っ暗になってしまうほどでした。

しかし、八岐大蛇《やまたのおろち》を倒した後は次々と国々を統合し、ついには出雲国《いずものくに》の王となります。八岐大蛇《やまたのおろち》退治がきっかけとなり、素戔嗚尊《すさのおのみこと》はその持て余すパワーを国を治めることに活かせたのです。

このことから、西洋の龍は八岐大蛇《やまたのおろち》のように、試練を与えて成長させることで、その人を応援する存在なのではないかと考えるようになりました。

東洋のほとんどの龍は善良で、人の成長を願って応援する存在です。

この点において、西洋の龍と共通する特徴がうかがえます。

**私は西洋の龍も人を助ける「善の存在」だと考えています。**役割として悪を演じているだけで、本当は人を愛する優しい龍なのではないかと思うのです。

悪役専門の俳優さんが、プライベートでは優しい笑顔が魅力的な善良な人だったりします。西洋の龍は、この悪役専門の俳優さんのようなもの。**「悪役のふりをして、本当は人の成長を助ける善良な龍だ」**というのが私の解釈です。

実際に西洋でも『ヒックとドラゴン』という善良なドラゴンが登場する映画が大ヒットしました。また、ディズニーも『ラーヤと龍の王国』という、龍を中心に世界中が愛と信頼の力で統合されるストーリーの映画を制作しています。

私はこれからの地球は『ラーヤと龍の王国』に登場する「クマンドラ（すべての国が統合した理想郷）」のようになるのではないか、と思っています。

地球の将来の姿を予言しているスピリチュアルな作品なので、興味がある方はぜひ一度ご覧ください。

## 龍と開運日には、ミラクルな関係がある！

日本の歴史と神話には、開運日や龍の存在が深く関係しています。

特に**天赦日**《てんしゃび》や**一粒万倍日**《いちりゅうまんばいび》といった開運日は縁起の良い日とされ、さまざまな祝祭や行事が催されてきました。また、龍は日本の神話や伝承において、**水や豊穣**《ほうじょう》**、智慧**《ちえ》**を象徴する神聖な存在**として語り継がれてきました。

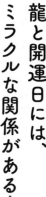

一見すると、これら開運日と龍についての考え方は、それぞれ独立したもののように感じられるかもしれません。しかし、歴史的背景とスピリチュアルな観点から見ると、**龍と開運日にはじつは密接な関係がある**のです。

先ほどから申し上げているとおり、日本では古代より龍は水の神として信仰されていました。農耕民族である日本人にとって水は日々の生活はもちろん、作物の成長に不可欠で、豊穣をもたらす存在でした。開運日には、豊穣や繁栄を願って、神々に祈りを捧《ささ》げることが一般的でした。このように開運日に神々への祈りが行われ、中でも**龍は「豊穣を象徴する存在」**として特に重視されていたのです。

水は「流れ」を生み出します。つまり、**龍は「流れ」を司る神**なのです。

流れには**「良い流れ」**と**「悪い流れ」**があります。古代の人には、私たち現代人には当たり前の天気予報もニュースもありません。そのため、未来に対して私たち以上に不安と恐れを感じていたことでしょう。飢饉《ききん》や水害などの自然災害を代表とする「悪い流れ」は、何とかして避けたいと考えていたのです。

## 「良い流れ」を生み出す2つのルート

そんな古代の人たちは、「目に見えない力」を使って、家族や自分、村などの共同体を守ろうとしました。**龍の力を借りて、「悪い流れ」を避け、「良い流れ」**

**を生み出そうとした**のです。

そして、同じく**「良い流れ」を作り出すのに有効だったのが「開運日」です。**開運日は中国から日本に取り入れられた「陰陽五行説《いんようごぎょうせつ》」をもとに定められています。陰陽五行説とは、自然界のあらゆるものが「陰」と「陽」から成り立つと考え、「木・火・土・金・水」の5つの要素で森羅万象《しんらばんしょう》を分類する理論です。

日本の文化に大きな影響を与えた東洋哲学のひとつです。

昔の人は、開運日にお祭りや開運につながる行動をとることにより、五穀豊穣《ごこくほうじょう》や家族の幸せを祈ってきました。それらの風習は、千年以上経過しても廃《すた》れることなく、現代に受け継がれています。

何も効果がなければ、千年も続くことはありませんね。私たち日本人は長い間、知らず知らずのうちに、開運日の恩恵を受けてきたのです。

一見、関係がないようにみえる「開運日」と「龍」。しかし、**目に見えない力を使って悪い流れを避け、良い流れを生み出すことで、自分や家族それぞれの人**

**生や運気を発展させる**という共通点があるのです。

また、龍は天と地をつなぐ存在で、宇宙のエネルギーを伝える役割を果たしていました。一方で、開運日は人間が宇宙のエネルギーを最も受け取りやすい特別な日です。**龍が宇宙のエネルギーの運び手となって、開運日にそれを受け取る人々に幸運が訪れる**というわけです。

龍と開運日の共通点、おわかりいただけたでしょうか。

さらにはお互いのエネルギーを使うことで、よりすばらしい幸運が舞い降りてくるのです。**開運日に龍のエネルギーを使うことで、お互いのパワーが補完されるため、より強烈な開運パワーがあなたに届きます。**

そのパワーたるや、単独のときよりもお互いの掛け合わせの効果で**10倍**、いや**100倍**にもなるのです。

これは多くの人が実感していることです。その秘密をあなたも知りたくはないですか？　さあ、あなたも開運日に龍の導きを受けて、人生を龍のごとく上昇させてしまいましょう！

# 第2章

# 龍神が教えてくれる！開運日のおすすめ開運アクション

# 開運日の「ある行動」で人生が大好転した女性の話

さあ、**龍神様のパワーがマックスになる開運日**の話をはじめましょう。
はじめに、ある女性のエピソードを紹介させてください。

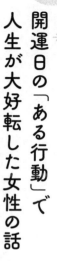

彼女の名前はミキ（仮名）です。ミキは50代半ばで、これまでの人生で数々の困難や試練を経験していました。しかし彼女は決してくじけることなく、前向きに生きることを信条としていました。

ある日、彼女はふらっと立ち寄った書店で見かけた「開運日」の本に興味を持ちました。彼女は開運日の神秘性と効果に惹《ひ》かれて、その本を購入します。自宅に帰るとさっそく読みはじめ、開運日を体験してみることに決めました。

彼女は、開運日が自分の人生にどんな影響を与えるのかを試すため、開運日にちょっとした冒険をすることにしたのです。

彼女はまず、カレンダーで開運日を調べました。そして、ある開運日を選んで行動することにし、その日が来るのを心待ちにしていました。

ついに当日です！　ミキは開運日にふさわしい運気を上げるための準備を、朝早くからはじめます。身だしなみを整えて、開運のためのアクセサリーを身につけ、お気に入りの黄色いワンピースを着て出かけることにしました。

まず彼女が向かったのは、**龍神様が祀《まつ》られている神社**です。**龍は金運アップや開運の神様**として知られており、**開運日に参拝するとその効果が何倍にもなる**といわれています。神社でのお参りをすませたミキは、パワースポットとして有名な森へ向かいました。彼女はその森の中で自然のエネルギーを感じながら、本に書かれていた瞑想ワークを行い、心身をリフレッシュします。

午後、ミキはショッピングモールへ足を運びます。すると偶然にも、彼女の前に懐かしい友人が現れました。何年も会っていなかったその友人との再会は、まさに奇跡でした。ミキたちは昔話に花を咲かせ、楽しいひとときを過ごします。その友人は、10年前に自分で仕事をはじめて、事業家として成功していました。話の自然な流れの中で、その友人はミキにビジネスのアイデアを提案します。まさかのチャンスに、ミキは驚くと同時によろこびを感じました。

自宅に帰った彼女は、提案されたアイデアについて真剣に考えはじめます。その後、ミキは友人と協力して新しいビジネスの立ち上げに成功しました。そのビジネスは順調に成長し、ミキの人生は劇的に変化しはじめるのです。

**開運日の力を信じた彼女は、開運日を大切に過ごすことで、これまでの人生で経験したことがないようなワクワクする毎日がはじまったのです。**

## ◆奇跡は、開運日を信じる人にやって来る

ミキのエピソードは、開運日の持つすばらしい力を私たちに教えてくれます。

開運日の力を信じ、その日を大切に過ごすことで、私たちの人生にも奇跡が訪れます。

ミキのような幸せを手に入れて、彩り豊かな人生が実現するのです。

「そんなにうまくいくはずがない」と抵抗を感じる人でも大丈夫。読み進めるうちに、**「私にもできるはず！」**と考え方が変わっていくことでしょう。

開運日は、私たちを**ワクワクさせる未来へと導いてくれる特別な日**です。

開運日を大切に過ごすことで、私たち一人ひとりが持つ無限の可能性が開花し、夢を実現する毎日がはじまります。

人生によろこびと幸せをもたらすことができるのです。

この章では**開運日の持つ意味や効果について解説し、実行すると幸運が舞い込む開運アクションを紹介していきます。**

読み進めていくうちに、ドキドキが止まらなくなるでしょう！

＊開運アクションが複数ある場合、「すべてやらなくては」とプレッシャーを感じなくて大丈夫です！

あなたがやりやすいものをひとつ選んで、はじめてみましょう。

## 一粒万倍日《いちりゅうまんばいび(にち)》——「やっちゃえ！」で一歩を踏み出そう

一カ月のうちに数回ある吉日です。具体的な日にちは、開運カレンダーやネット検索などで調べてみましょう。最近では、宝くじ売り場や百貨店のお財布売り場などで「今日は一粒万倍日です」という案内を目にすることが増えました。

それだけ、この開運日が世間に普及したということですね。

**一粒万倍日は、行動や努力の成果が通常よりも上がるとされる吉日です。**

米が小さな籾《もみ》からやがて万倍の実りをつけるように、その日に行ったひとつの行動（一粒）が万倍もの結果になって返ってくる日なのです。**最小の努力で最大の結果が生まれる日**であり、最近の言葉を使うなら「レバレッジ（てこ）効果」

の高い開運日といえるでしょう。レバレッジ効果は、てこを適切に使うと、小さな動きで重いものを動かせることに由来しています。

まさに**一粒万倍日は「行動にレバレッジがかかる日」なのです。**

じつは私も過去に、一粒万倍日のすばらしい恩恵を受けたことがあります。私自身がまだ、作家でも龍使いでもなかったころの話です。友人から「20名ほどの前でスピーチをしてほしい」と頼まれました。それまで私は見ず知らずの人の前で話したことがなかったので、とても緊張してしまい、本番がはじまるまで足がガタガタと震えていたのを覚えています。ところが、本番の直前に友人が**「今日は一粒万倍日という吉日なんだよ」**と教えてくれたのです。

その話を聞いた私は、「ひょっとしたら私は将来、大勢の人たちの前で講演をするかもしれない」といううれしい予感で身体中《からだじゅう》がいっぱいになりました。すると強い緊張が嘘《うそ》のようにほぐれて、スピーチを楽しむことができたのです。

この出来事から5年後、予感は的中します。

私の講演家デビューが現実になったのです！

それからというもの、私はのべ1万人以上の人たちの前で講演を行ってきました。まさに一粒の籾が万倍になるように、大きな収穫をもたらしてくれたのです。


私が実感した、一粒万倍日の驚嘆すべき威力をお伝えしました。

私はこの一粒万倍日のパワーが、龍のパワーとよく似ているのを感じます。

奇跡のような効果を生み、想像もつかない幸運を引き寄せてくれる龍のパワーは、まさに一粒万倍のパワーです。したがって、私は一粒万倍日の「粒」の字を「龍」に置き換えて、**「一龍万倍日」**とも呼んでいます。

一粒の籾がのちのち万倍になるような結果が出て、さらに龍のごとく運気が上昇する日という意味です。**一粒万倍日は新しいことをはじめたり、大切な決断を下したりするのに適した日なのです。**

一粒万倍日におすすめの開運アクションを3つ、紹介します。

## 開運アクション①　新しいことをはじめる

一粒万倍日は、その日にはじめたことが後に万倍になる日です。ですので、この日に何かをはじめると、大きな結果につながります。

一粒万倍日にはじめたことは、「一粒万倍のエネルギー」と「龍のエネルギー」の両方が影響します。先ほどの私の例のように、この日にはじめたことが、近い将来、思いもよらないすばらしい現実になるのです。

この一粒万倍日こそ、**あなたが心に秘めていた夢や願望を実現する絶好のチャンス！　勇気を持って一歩踏み出してみましょう。**

例えば、以前からやってみたいと心に秘めていた絵画や陶芸の趣味をはじめる、地域のボランティア活動に参加する、遠方の友人に手紙を書く——。

この日にはじめた新しいことは、あなたの人生をキラキラと輝かせて、充実させてくれることでしょう。

ただし年齢を重ねると、一歩を踏み出しづらくなるのも事実です。過去の人生経験が逆に邪魔をしてしまい、なかなか勇気を出せない人もいるでしょう。そんなときこそ、一粒万倍日のパワーを借りるのです！

**「一粒万倍日だから、やっちゃえ！」「一粒万倍日だから、スタートしちゃえ！」**と、一粒万倍日をいい意味で行動する〝言い訳〟に使ってください。

**行動するあなたを、龍は応援しています。**私はある程度年齢を重ねた方にこそ、この一粒万倍日を大切にしてほしいと考えています。なぜなら、人生の後半を迎える時期は、じつは新たな挑戦や夢に向かって踏み出す絶好の機会だからです。

この一粒万倍日を活用し、みなさんの人生の新しい幕開けを迎えてください。合言葉は**「一粒万倍日だから、やっちゃえ！」**。

## 開運アクション② ショッピングに出かける

一粒万倍日に新しいものを買ったり、ショッピングに出かけると開運します。

## 自分へのご褒美や、家族へのプレゼントなどを買いに街へ出かけましょう！

一粒万倍日にどんなアイテムを買えばいいのか、少し気になりますよね。

例えば、おしゃれなアクセサリーや美容・健康に効きめのある化粧品、さらには、インテリアグッズなどを選ぶと、あなたや家族に幸運が訪れるでしょう。

特におすすめなのは、**パワーストーンのブレスレットやネックレスなどです。**

運気アップやストレスの緩和、健康維持など、さまざまな効果が期待できますので、自分へのご褒美はもちろん、大切な人へのプレゼントにも最適です。

また、お部屋を素敵に彩るアロマディフューザーや、おいしいお茶のセットなども、一粒万倍日に購入すると、毎日の生活の充実度も上がることでしょう。


一粒万倍日にショッピングを楽しむと、開運を引き寄せるのです。

素敵なアイテム、お気に入りのアイテムに囲まれた生活は、みなさんの笑顔の輪を広げ、さらなる幸運を呼び込むことでしょう。

## 開運アクション③　龍のアイテムを身につける

**一粒万倍日に龍のアイテムを身につけると運気がアップし、開運につながります。龍は「龍のことが好きな人」が大好きなのです。**

だから、自分（龍）をかたどったアイテムを持ち歩く人には、ついついえこひいきして守護してくれる傾向があります。

一〝龍〟万倍の日には龍のアイテムを身につけて、ショッピングに出かけてください！　もちろん、龍のアイテムを買いに出かけるのもＯＫです。

それでは、おすすめのアイテムを具体的に紹介しましょう。

まずは、**龍をモチーフにしたアクセサリーがおすすめです。**例えば、龍のデザインが施されたペンダントやブレスレット、リングなどです。これらのアイテムは、**身につけるだけで運気アップ**が期待でき、自分へのご褒美や大切な人へのプレゼントにもぴったりです。

また、**龍の置物には驚異的な開運効果があります。**

ある年のお正月に、私は龍の置物を置いてみました。すると**その年の年商が、一挙に3年前の30倍にまで跳ね上がった**のです（詳しくは拙著『お金を呼び込む龍』をお読みください）。

また、龍をモチーフにした置物や壁掛けアートをお部屋のインテリアとして取り入れると、空間全体のエネルギーを高めて豊かさを呼び込めます。

さらに、**龍をあしらった風水グッズ**もおすすめです。

水晶の龍や陶器の龍など、素材やデザインもたくさんあるので、お好みのアイテムを選んで幸運を引き寄せましょう。

一粒万倍日には、ぜひ龍のアイテムを身につけたり、お部屋に飾ったりして、運気アップを感じてください！

## 天赦日《てんしゃにち(び)》――お財布を買うならこの日！

天赦日は、一年にほんの5～6回ほどしか訪れません。まさに**「神様の贈り物」**ともいえる、とても縁起の良い日です。

**天赦日にお財布を買うと財運が向上する**ことから、近年、天赦日の百貨店のお財布売り場は、たいへんな賑《にぎ》わいです。

こんな貴重な日を逃す手はありません！

天赦日の力を最大限に活用して、開運への一歩を踏み出しましょう。

さて、天赦日という名前からして神秘的な印象を受けることでしょう。

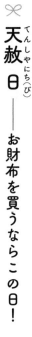

**「天がすべてを赦《ゆる》す日」**という意味ですが、いったい何を赦してくれるのでしょうか。

それは、天があなたの夢が叶うことを「すべて赦す（許す）」日です。また、夢に向かって行動した結果、失敗しても天が「すべてを許す」日でもあります。さらにはあなたの欠点や、至らない点も天が「すべてを許す」日なのです。

つまり、**私たちのすべてを天（神様・宇宙）が肯定して、「すべて大丈夫！」と力強く、勇気づけて励ましてくれる日なのです。**

また、**邪気を払い、運気を向上させるパワーに満ちた日であるため、この日にとった行動や捧げた祈りが、その後のあなたの運勢に大きな影響を与えるのです。**

天赦日には、縁起の良い出来事があちらこちらで起こります。

この日に新しいことをはじめれば、きっと順調に進むことでしょう。

天赦日におすすめの開運アクションを３つ、紹介します。

## 開運アクション①　お財布を買い替える

先ほどお伝えした一粒万倍日、このあとにお伝えする寅《とら》の日、巳《み》の日などの吉日におすすめの共通の開運アクションは「お財布を買い替える」ことです。

ただし「どの日に買い替えるのが最もいいですか?」と聞かれたら、「天赦日」とお答えします。その理由は、**天赦日は最も財運が向上する日だから**です。

天赦日にお財布を買い替える際に、大事なポイントがあります。

それは**金色の長財布**を選ぶことです。金色は繁栄や富を象徴し、長財布はお札《さつ》を折らずにたくさん入れられますので、金運アップにぴったりなのです。

また、「金色（ゴールド）」は「お金（マネー）」と同じ「金」という漢字を使いますよね? 「類は友を呼ぶ」ということわざのとおり、同類のものは同類のものを引き寄せるのです。つまり、お金を呼ぶお財布は金色のお財布なのです。

天赦日に、お気に入りの金色の長財布を探してみてはいかがでしょうか？
ただ、最近は海外のセレブも**小さい財布**を愛用している人が増え、好みもあるので必ずしも長財布でなくて大丈夫です。

買い替えない場合は、いま使っている財布の中を整理して、**古いレシートや不要なカードを処分**しましょう。すると、お財布のエネルギーがクリアになります。
また、財布に金色のアクセサリーやお札《ふだ》を入れると、金運アップを期待できます。

天赦日にお財布を買い替えると、新しいエネルギーが流れ込んで運気が上昇します。お財布の買い替えや、お財布の中を整理することで、みなさんの金運がアップして、毎日が楽しくなることを願っています。

## 開運アクション②　自分のことをほめる

天赦日は、天がすべてを許す日です。

そこで天赦日には、あなたが自分自身のことをほめ、自分を許し、愛してほしいのです。そうすることで、あなたの内なる運気が開花し、人生により豊かな流れが起きることでしょう。

「自分をほめるなんて、難しい」と感じる人はこんなふうにしてみてください。

例えば「今日は笑顔で挨拶ができた」「家族のために料理を作った」「自分の感じたことを素直に伝えられた」など、日々の暮らしの中に必ずある**「小さな成功」**を見つけてください。

そして鏡の前に立ち、自分の瞳に向かって「よくできたね」「あなたはすばらしい」「あなたは美しくて力強い」「あなたは愛される価値がある」と優しい愛の言葉をかけるのです。

その言葉はあなたの心に響きます。自分自身を抱きしめたくなるでしょう。

**天赦日に自分のことをほめると、自信が生まれ、運気が上昇します。**

自分を許して愛することで、内なる美しさが外部にまで輝きをはなちます。

どうぞこの特別な機会を大切にして、**自分自身に愛を注いでください。**

## 開運アクション③　龍にお願いごとをする

龍は天と地をつなぐ役割があり、神様と人間の橋渡しをしてくれる存在です。**天がすべてを許す天赦日にこそ、素直な心で龍にお願いをしてください。**お願いの叶い方が段違いに良くなることでしょう。

天赦日に龍にお願いをする方法をお伝えします。

まずは静かな場所で心を落ち着かせます。龍をイメージしながら、自分の願いを心に思い浮かべます。最後に感謝しながら丁寧に龍にお願いを伝えてください。

例えば、「私の人生に豊かさをもたらしてください」「私の家族を守ってください」「私に自信と勇気を与えてください」といった願いを伝えるのです。

お願いごとをした後も、龍に対して心からの感謝の言葉を忘れないでください。

天赦日にこそ、龍の力を強く信じてください。

必ずや、あなたの願いは叶います！

## 寅《とら》の日――龍に匹敵する虎のパワーで金運上昇！

寅の日には**運気を大きく変える力**が宿っています。

寅の日の秘密を知り、その力を活用すれば運命を切り開くことができます。

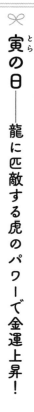

寅の日は、十二支の中で「寅」にあたる日です。12日ごとに巡ってくる、**非常に縁起の良い日**とされています。

一年12カ月の中で寅は旧暦の1月を指します。春を迎える前の冬の終わりに当たるため、**新しいはじまりを告げる象徴的な存在**です。また、寅は動物の虎の象徴でもあり、**勇猛果敢さや力強さ**を示すことから、寅の日には開運のチャンスが潜んでいるといわれているのです。

さらに寅の日は**「金運招来日」**といわれ、お金に関してもとても縁起の良い日なのです。虎の最大の特徴といえば、黄金色の体に黒色の縞模様《しまもよう》ですね。

虎はお金と同じ金色をしているので、邪気を払って金運を上げる神聖な動物とされてきました。

虎は日本や中国、東南アジアでは**「神様の使い」**として厚く信仰され、中でも日本では**毘沙門天《びしゃもんてん》の使い**として重んじられてきました。

虎は勢いがとてもさかんで、一日で千里の道を駆け、また千里の道を戻ってくるといわれています。このような活力あふれる虎は、主《あるじ》である毘沙門天の代わりに人々の願いごとを聞いて回ったというのです。

そこで寅の日に毘沙門天が祀られたお寺や神社に参拝することを**「寅の日詣で」**と呼び、願いごとがよく叶う日として大切にされてきました。

屏風《びょうぶ》に描かれた、龍と虎が向き合って睨み合っている**「龍虎図《りゅうこず》」**を見たことがある人もいるでしょう。絵の題材になるほどですから、古来より虎は龍に匹敵するほどの強烈なパワーがあるとされてきました。

虎はいまでは動物園などで見ることができるため、龍ほどの神秘性を感じないかもしれません。しかし古代中国の文献に「龍吟《ぎん》ずれば雲起こり、虎嘯《うそぶ》けば風生ず」（龍が鳴けば雲が発生し、虎が吠《ほ》えれば風が生じる、という意味）という言葉が残っているように、虎は一声で風を吹かせることができ、**龍と同じくスピリチュアルで神聖な存在**として捉えられてきたのです。

寅の日におすすめの開運アクションを3つ、紹介します。

## 開運アクション①　黄色の服を着る

寅の日はぜひ、**黄色の服を着てお出かけしてください！**　それだけで金運アップに直結します!!　手軽でありながら効果抜群のアクションです。

前に説明したように、寅の日が金運アップに最適なのは、黄金色の体と黒色の縞を持つ虎と関係するからです。そこで寅の日の朝は、ワクワクした気持ちで黄色い服を選んで着てみましょう。思いもよらない、素敵な臨時収入のきっかけが、あなたに訪れるかもしれません。

「黄色は派手だから……」と少しためらいを感じる人もいるかもしれませんね。そんな方におすすめの代替案があります。**黄色の靴**を履いたり、**黄色のハンカチ**を持参するのです。黄色をさりげなく取り入れても、きちんと効果があります。

黄色のアイテムを身につけて、優しい気分に満ちた一日を過ごしてください。

## 開運アクション②　旅行をする

「虎は千里往《い》って千里還《かえ》る」ということわざのとおり、寅の日は旅に出ても無事に帰ってこられるとされています。寅の日に旅行すると、運気がアップします。

それでは、どこに旅行すればいいのか、気になる方もいるでしょう。

**パワースポットである神社・仏閣などを訪れて、神々のご加護を受ける旅行がおすすめです**（おすすめの社寺は第４章でお伝えします）。神社に参拝したあとは、その土地のおいしいものを食べる。最高ですね！

気分が高揚すると、良いことが起きやすくなります。また、心休まる自然に恵まれた温泉地に足を運んで、心身ともにリフレッシュするのも素敵ですね。

私が20代のときに強い影響を受けた名言を紹介しましょう。

それは**「成長は移動距離に比例する」**というものです。

成長を望むのであれば、とにかく遠くに行きなさい、という教えです。「何をしたらいいのか、わからない……」と悩んでいる時間があるのなら、まずは飛行機や新幹線に乗って、自宅から離れた遠い場所に行ってみる。

そして、ご当地のおいしいものを食べながら、例えばお店や宿《やど》で一緒になった地元の人に話を聞いてみるのです。すると思いがけない出会いが生まれて、あなたの成長につながる新しい体験が待っているかもしれません。

ある程度年齢を重ねた方でも、まだまだこれからです！「人生の花を咲かせたい！」という人は、ぜひ寅の日に旅行に出かけて、開運アップやエネルギーアップにつなげてください。

## 開運アクション③ お部屋の模様替えをする

寅の日に旅行に行きたくても、仕事や家事、育児でいそがしくてなかなか時間が取れない……という方もいらっしゃるでしょう。そんな方におすすめの自宅でできる開運アクションをお伝えします。

それは**「お部屋の模様替え」**です。

「虎は千里往って千里還る」ということわざを紹介しました。つまり、寅の日の開運ポイントは**「動きを取り入れる」**ことです。自宅にいても「動きを取り入れる」ことが大切なのです。「お部屋の模様替え」をすれば、お部屋に動きが出て、寅の日の開運エネルギーを呼び込めます。

さあ、寅の日にお部屋を整えて、新鮮な気持ちで過ごしましょう。

お部屋の模様替えで気をつけたいポイントをお伝えします。まず、**お部屋をスッキリさせる**こと。不要なものは処分して、心地よい空間を作りましょう。

また、風水の考え方を取り入れるとさらに効果が期待できます。例えば寝室のベッドを窓から遠くに置く、鏡は寝室に置かない、などです。

## 巳《み》の日——女神の弁財天のごとく美しく

巳の日は、十二支の中で6番目に位置します。12日周期で訪れる、非常に縁起の良い日です。巳はヘビを指します。

**ヘビは知恵や機知、変容の力を持っている**とされています。

この日に運気を上げる特別な行動をとると、とても効果があるため、巳の日を活用しない手はありません。

ヘビは龍と密接な関係にあります。ヘビと龍は、日本はもちろん世界各地の神話においても共通する姿や力を持っていることがわかります。

島根県の出雲大社で有名な「神在祭《かみありさい》」というお祭りでは、日本中の神様が出雲に集まると伝えられています。全国から集まる神様たちを先導するのが、龍蛇神《りゅうじゃしん》という神様です。龍蛇神はウミヘビの神様とされていますが、龍のエネルギーも蛇のエネルギーも両方持つといわれています。また、日本神話で有名な八岐大蛇《やまたのおろち》は「八つの頭と八つの尾を持つヘビ」と書かれていますが、八岐大蛇も龍だったという説もあります。

このように、**古くから日本ではヘビと龍は同一視されていた**のです。つまり**ヘビも龍と同様、パワフルなエネルギーを持つ存在であり、同時に人間をより良き方向に導く神様として、広く慕われてきたのです。**

また、ヘビは**弁財天《べんざいてん》**とも深い関係があります。

弁財天はインドの神様である「サラスヴァティ」を由縁《ゆえん》としています。サラスヴァティは川を守る女神様であり、日本に入ってきて弁財天となりました。水の神のため、古来から五穀豊穣の神様として親しまれてきました。

また、水の神そして川の神でもあり、龍と同じ属性を持つことから、弁財天自身が龍もしくは龍の妻とする説もあります。

神奈川県の江の島には龍神伝説が残っています。天から降りてきた天女と龍神が結婚したという伝承です。江の島にある江島神社《えのしまじんじゃ》にはその天女が弁財天として祀られています。その社紋《しゃもん》（神社のマーク）は小さな3つの三角形が集まって、大きなひとつの三角形を作っています。これは**「みつうろこ」と呼ばれる紋で、龍の鱗《うろこ》を表しています。**弁財天と龍が夫婦という伝承は各地に残っています。

余談になりますが、「みつうろこ」は鎌倉時代に活躍した北条時政《ときまさ》にもゆかりがあります。北条時政が江の島を訪れた際、突如、目の前に龍神が現れました。その龍神は時政に、自らの鱗を授けたのです。

その鱗によって龍神のエネルギーを授かった時政は、その後まさに龍のように天下を席巻します。ついには執権《しっけん》という、鎌倉幕府の権力の中枢の座にまで登り詰めました。龍神パワーは歴史上の人物にも強い影響を与えていたのですね。

このように、ヘビと龍、そして弁財天は密接な関係にあるのです。

そんな巳の日におすすめの開運アクションを3つ、紹介します。

## 開運アクション①　弁財天が祀られている社寺に参拝する

巳の日に弁財天が祀られている神社にお参りすると、開運します。

前に説明したとおり、巳の日はヘビの日とされ、ヘビは弁財天の使いです。**女神である弁財天は、女性の魅力や美しさ、知性などを象徴する神様です。**女性にとっては、まさに模範となる神様といえるでしょう。

弁財天が祀られている神社は、意外にもあなたがふだん参拝している神社の中にもあるかもしれません。というのも、神社の境内の中に池があって、その池の浮島にある神社は、ほぼ弁財天の神社といって差し支えないからです。巳の日には、ぜひそんな神社を訪れてみてください。

また、遠出ができる方は**「日本三大弁財天」**に足を運んでみてください。

日本三大弁財天とは、日本全国の弁財天を祀る神社や仏閣の中で特に有名な3カ所を指します。それぞれの弁財天には、**金運や商売繁盛**をはじめとするさまざまなご利益があります。日本三大弁財天は次のとおりです。

◆**竹生島《ちくぶしま》神社（滋賀県）**
◆**厳島《いつくしま》神社（広島県）**
◆**江島《えのしま》神社（神奈川県）**

このほかにも奈良県の天河大辨財天社《てんかわだいべんざいてんしゃ》、福岡県の宗像大社《むなかたたいしゃ》も有名です。

巳の日に弁財天の神社にお参りすることで、あなたの中の**女神のような魅力が目覚める**ことでしょう。開運はもちろん、内面からも輝く自分を取り戻すためにも、ぜひ巳の日に弁財天の神社へ足を運んでみてください。

あなたの人生がさらに充実することは、間違いありません。

## 開運アクション②
## 銭《ぜに》洗《あら》いをする

巳の日に銭洗いを行うと、開運につながります。銭洗いは、**お金を洗うことで金運を引き寄せる伝統的な習慣です。**巳の日の銭洗いは、開運効果がいっそう高まるとされています。龍もヘビも弁財天も「水の神様」です。**お金を水のエネルギーに触れさせることで、龍神様のエネルギーがお金に宿ります。**龍はお金の神様でもありますので、銭洗いをするとお金が循環するのです。

銭洗いの伝統的な方法は、次のようなものです。

①巳の日に、弁財天や金運の神様が祀られている神社や寺を訪れる
②手持ちの硬貨を用意し、神社や寺の手水舎《ちょうずや》で清める
③清めた硬貨を、弁財天など金運の神様が祀られている場所に捧げる
④その後、捧げた硬貨を持ち帰って、財布や金運グッズに入れて金運を引き寄せる

銭洗いのために、神社やお寺まで行けない方もいらっしゃるでしょう。そんな方に向けて、自宅で簡単にできる銭洗いの代替案を紹介します。

①巳の日に、清潔なお皿や小さなボウル、手持ちの硬貨を用意する
②お皿やボウルに清水を注ぎ、硬貨を浸す
③静かな気持ちで、金運や商売繁盛を願いながら、硬貨を水で洗う
④硬貨を水から取り出し、きれいな布で拭いて乾かす
⑤乾いた硬貨を財布や金運グッズに入れて、金運を引き寄せる

巳の日の銭洗いには金運の上昇や開運効果が期待できます。
ぜひ、巳の日の銭洗いを習慣にして、龍のごとく運気を上昇させましょう。

## 開運アクション③　龍神様が祀られている神社仏閣を参拝する

龍とゆかりのあるヘビの日である巳の日には、龍神様の神社仏閣にお参りすると開運します。私は拙著『龍のごとく運気が上昇する新しい時代の神社参拝』(KADOKAWA) で、龍神様が関係するおすすめの神社仏閣を紹介しました。

その神社仏閣とは次の通りです。

◆玉置《たまき》神社（奈良県）
◆田無《たなし》神社（東京都）
◆高龍《こうりゅう》　神社（新潟県）
◆椿《つばき》　大神社《おおかみやしろ》（三重県）
◆安房《あわ》神社（千葉県）
◆幣立《へいたて》神宮（熊本県）
◆神龍《しんりゅう》　八大龍《はちだいりゅう》　王《おう》神社（熊本県）
◆江島《えのしま》神社（神奈川県）
◆貴船《きふね》神社（京都府）
◆高野山金剛峯寺《こんごうぶじ》（和歌山県）
◆戸隠《とがくし》　神社（長野県）
◆八大龍《はちだいりゅう》　王水神《おうすいじん》（宮崎県）
◆秋元《あきもと》神社（宮崎県）

もし気になった神社がありましたら、ぜひ参拝してみてください！
また、本書の第４章でこれら以外の龍神開運スポットを紹介していますので、そちらも参考にしてください。

まだ気がついていないだけで、あなたの近所にも龍にまつわる神社が意外とあるかもしれません。
ネットで「○○市（自分の住まい）龍伝説」で検索すると、あなたの知らない地元の龍伝説を発見するかも？

ワクワクしてきますね！

## 己巳《つちのとみ》の日——巳の日がさらにパワーアップ！

己巳の日は、十干十二支《じっかんじゅうにし》の組み合わせのひとつで、**巳の日のうちでも特に縁起が良いとされている日**です。

十二支《じゅうにし》はなじみがあるかもしれませんが、十干《じっかん》はあまり聞き慣れない人もいるかもしれません。

十干とは暦の表記の一種であり、甲《きのえ》、乙《きのと》、丙《ひのえ》、丁《ひのと》、戊《つちのえ》、己《つちのと》、庚《かのえ》、辛《かのと》、壬《みずのえ》、癸《みずのと》の10種類があります。

この10種類は陰陽五行説に基づき、陰陽（2種類）と五行（5種類）の組み合わせで表現され、それぞれが異なる性質や特徴を持っています。

難しいしくみは省きますが、十干と十二支の組み合わせの中で、**己《つちのと》と巳《み》の組み合わせがバツグンに開運する**とされています。

ですから、**己巳の日は特別な巳の日**、言わば**「スーパー巳の日」**なのです。

巳の日が12日周期で現れるのに対し、**己巳の日は約60日周期で現れる珍しい吉日**です。

己巳の日は巳の日と同じように、行動を起こすことで運気が上昇し、さまざまな良い効果が期待できる日です。

**開運アクションは巳の日と同じことをしてください。**

巳の日でも、もちろん効果は高いのですが、己巳の日におすすめの開運アクションを行うと**効果倍増**です！

## 大安《たいあん》――自分だけでなく、他人の幸せも祈ろう！

大安は最も有名な吉日のひとつです。

結婚式を挙げるときに、誰もがまず気にするのがこの大安でしょう。大安は六《ろく》曜《よう》のひとつです。

**六曜とは、「先勝《せんしょう》」「友引《ともびき》」「先負《せんぶ》」「仏滅《ぶつめつ》」「大安」「赤口《しゃっこう》」の6つを指します。**

六曜はもともと、中国で「時間」を区切る際に使われていました。したがって、六曜には一日の時間帯別の吉凶が表されます。

例えば、「先勝」であれば「先が勝ち」と書きますので、「午前中に運気が良い日」となります。六曜の説明は次のとおりです。

**先勝**……午前中が運気良好、午後は避ける
**友引**……午前中と夕方が運気良好、昼は避ける
**先負**……午後の運気がほどほどに良い、午前中は避ける
**仏滅**……総じて運気が良くない（ただし、良いことも。後述します）
**大安**……総じて運気が良い
**赤口**……正午だけが運気良好、他は総じて運気が良くない

とりわけ嫌われがちなのが仏滅です。

しかし、ただ悪い日というわけではないのです。

仏滅は**縁を切るには良好な日**と言われています。

人と別れたり、縁を切ることは悪いことではありません。新しい人間関係をスタートするには、古いものとの縁を切る必要があるからです。腐れ縁や自分に不利益を及ぼす人間関係を清算するには、仏滅は適した日とされています。

**縁結びの神社は、縁切りの効能もあります**ので、神社に行ってお祈りするのもいいかもしれませんね。

さて、六曜の中でもとりわけ吉日とされている大安ですが、「大きく安心する」と書きます。その文字のとおり、大安は**心安らかに過ごす**ことをおすすめします。

大安に行うと開運するアクションを3つ、紹介します。

## 開運アクション①　「私は絶対、大丈夫」と心の中でつぶやく

大安は「大きく安心する」と書くので、安心に結びつくような行動をすると開運します。具体的には**「私は絶対、大丈夫」と心の中でつぶやく**ことです。

心に浮かぶ不安や体調不良に対して、「私は絶対、大丈夫」と心の中でつぶやき、自分自身に言い聞かせてみてください。その言葉があなたの内側に潜んでい

たパワーを呼び覚まし、心の闇を払いのけて明るい希望へと導く光となります。
あなたの中には、無限の可能性が眠っています。その力を信じて、「絶対、大丈夫」と自分に言い聞かせていくうちに、自分の中の不安や恐れが克服されて、前向きな気持ちで人生に取り組むことができます。

運気が上昇し、良いことが起こりやすいこの特別な日に、自分に「絶対、大丈夫」と語りかけましょう。あなたの運命は明るく変わっていきます。
どんな困難な状況にあっても、あなたは絶対に大丈夫！　その信念を持ち続けていけば、前向きなエネルギーが満ちてきて、幸せを実感できる人生が実現することでしょう。

**大安の日を迎えるたびに、「絶対、大丈夫」と心に刻み込んでください。**

## 開運アクション②　心がホッとすることをする

大安の日には、**あなたの心がホッとすること**をしてみるのが開運の秘訣《ひけつ》です。日々の喧騒《けんそう》から、まず一歩離れてみましょう。自分の心に向き合い、心がホッとすることを探してみましょう。

何も大げさに考えることはありません。例えば、**好きな音楽を聴く**だけで、心がホッとする瞬間が訪れるでしょう。昔よく聴いた懐かしい曲、傷ついた心が癒されるメロディーに耳を傾けるのです。音色に包まれているうちに、心が自然と穏やかになるものです。

また、**大切な友人や家族との何でもない会話**も、心がホッとする瞬間を与えてくれます。お互いの近況を語り合い、笑い声が飛び交えば、心の中のストレスや悩みがみるみる消えていくことでしょう。

**おいしいお茶やお気に入りのコーヒーをゆっくりと飲む**ことも、心がホッとする時間です。**気持ちを鎮めてくれる香り**も一緒に楽しみながら、心身ともにリラックスしましょう。

さらに**散歩や軽い運動**も心をホッとさせる効果があります。気持ちのいい風を感じながら歩くだけで、自然の優しいエネルギーが心を癒してくれます。

大安の日に心がホッとすることをしてみると、運気が上昇して、あなたの人生に幸運が訪れます。心がホッとする瞬間を大切にして、自分自身を労ってあげてください。

気持ちが晴れやかになるような、**優しい時間**を過ごしてください。

## 開運アクション③ 他人の幸せを願う

大安の日に「他人の幸せを願う」と開運します。

他人の幸せを心から祈ると、あなたの運気がアップします！

大安の日には、よく結婚式が挙げられます。例えば、偶然通りかかった神社で結婚式を見かけたとします。そんなとき、**心から「おめでとう、幸せになってね！」と願ってみる**のです。

その瞬間、あなたの心が満たされるとともに、開運の力が働きはじめます。

他人の幸せを願う行為は、あなた自身の幸せの道を開く行為でもあるのです。

「おめでとう！　幸せになってね」と祈ることで、あなたの心の豊かさは増して、幸せを引き寄せるスイッチが押されるのです。

他人の幸せを願うということは、それだけ**心に余裕がある**証拠です。

ゆったりとした余裕がある心には、**幸運を引き寄せるパワー**が備わっています。

他人の幸せを祈る豊かな真心を持ち続けていれば、あなた自身の人生にも幸せな出来事が起き、招福のチャンスが訪れます。

大安の日を、心から他人の幸せを願う日として過ごしてください。

## 不《ふ》成就《じょうじゅ》日《び(にち)》——自分を見つめて、いたわるのに最適！

ここまで、吉日についてお伝えしてきました。しかし、暦の世界には凶日もあります。それが不成就日です。

不成就日とはその名の通り、「(願いが)成就しない日」とされています。結婚・開店・子どもの命名・引越し・契約など、**ことを起こすのが凶とされる日**です。誤解されがちですが、「悪いことが起こる日」ではありません。あくまで、その日に実施したことが「成就しづらい・叶いづらい」日で、ネガティブなことが起こる日ではありませんのでご安心ください。

ただ、不成就日を単なる凶日として忌《い》み嫌ってはもったいないと、私は考えています。なぜなら、**不成就日を活かすことで、逆に開運することもある**からです。一粒万倍日などの吉日にはないパワーを活かすことで、さらに運気を向上させましょう。不成就日の開運アクションを3つ、紹介します。

## 開運アクション① 過去の振り返りを行う

いそがしい毎日、目の前のことをこなすので精一杯だと、自分を見つめ直したり、振り返ったりするのを忘れがちです。

不成就日は願いが成就しない日なのですから、**逆に一旦立ち止まり、いままでの自分を振り返るのに適しているのです**。手帳やカレンダーを見返して、自分の行動を見つめ直してみましょう。**良かったことを思い出して、さらに良いことが起こるように未来の計画を立てる**のです。

不成就日は行動を控えて腰を落ち着け、じっくりと自分と向き合う一日にするのです。そうすれば、開運の流れが自然と起こってきます。

## 開運アクション②　セルフメンテナンスを行う

開運日が好きなあなたは、前向きな気持ちで日々活動されていることでしょう。ただしアクティブに行動するあまり、自分のメンテナンスをおろそかにしていないでしょうか。気がついたら、あまりのいそがしさのため、気持ちがすり減ってしまっていた……なんてことでは悲しいですよね。

そこで不成就日は活動を止め、**自分をいたわる日にする**のです。エステやマッサージ、ネイルやマツエクに行くのもいいでしょう。お気に入りの香りのバスソルトや入浴剤を入れたお風呂にゆったりとつかり、自分をやさしくいたわってあげましょう。すると不思議と**「明日もがんばろう！」**という活力がみなぎります。

## 開運アクション③　周囲の人に感謝する

うまくいかないことが続くと、「私はこんなにやってあげているのに、あの人はなぜ何もしてくれないのだろう」と自分中心に考えて他人を責めてしまいがち。もちろん、あなたは真面目に努力しています。でも、じつはあなたの知らない、気づいていないところで、**他の人があなたを支えている**のも事実なのです。その事実に意識を向けてみましょう。みんながんばってくれているから、私もがんばれている。**気持ちをニュートラルに保つと、開運を引き寄せるのです。**

不成就日にはいつものがんばりを一旦止めて、**周囲の人に感謝しましょう。**

具体的には、自分の周りの人の行動をいつも以上に丁寧に見つめ直します。例えば、「○○さんが掃除をしてくれた」「いまの生活が成り立っているのは△△さんのおかげ」……などです。あなたは決してひとりで生きてはいません。ただ、がんばりすぎると、私はひとりぼっちだという錯覚に陥るでしょう。

周りの人の支えに感謝をすると、「私はひとりじゃない」と気づき、孤独感が癒やされてギスギスした気持ちが和らぎます。そして、本来のあなたに戻り、自然と心の中に「ありがとう」という言葉がわき上がってくるでしょう。

## 新月・満月――「願い」と「叶う」のサイクル

**神聖な星の力**をお借りして、運気を上昇させる方法をお伝えしましょう。
古来、**月は願いごとが成就する願望実現のシンボル**でした。平安時代の貴族で、当時の政治の世界で権勢を誇った藤原道長は、次のような歌を残しています。

この世をば　わが世とぞ思ふ　望月の　欠けたることも　なしと思へば

「この世で自分の思うようにならないものはない。満月に欠けるもののないように、すべてが満たされてそろっている」という意味です。

道長は自身のすべての願いが叶った状態を、満月にたとえて歌に詠みました。月には**「夢を叶える」「理想の人生を生きる」「満足して幸せになる」**ためのパワーが宿っているのです。

月は満ち欠けを繰り返します。月のパワーが最大になるタイミングは、新月と満月です。そのため、新月と満月を利用すると、願いがすぐに叶うと伝えられてきました。ただ、新月と満月では月の形が違いますね。形が違うように、それぞれが持つ意味や役割もまったく異なっているのです。

新月は、地球から見て太陽と月が重なった位置にある状態です。

新月は**はじまりのとき**、これからスタートするエネルギーで満ちています。

そのため**新月では「さあ、これからはじまる！」というワクワクした気持ちでいることが大切です。**

満月は、地球を間にはさんで太陽と月が真向かいの位置にある状態です。

満月は**実りのとき**、ものごとが成就する瞬間です。

そのため**満月では現実が変わったことに感謝しましょう。**また同時に、成就までのプロセスで生じた**邪気や不要物を浄化する絶好のタイミング**でもあります。新月から数えて約15日目に満月になる、この約2週間のサイクルを意識しましょう。**「新月に願い、満月に叶う」**、この波を繰り返すことが大切です。

新月と満月のおすすめ開運アクションは**「お願いごとをノートに書くこと」**です。**「願いが叶った状態」を具体的にイメージしながら書く**のがポイントです。

ただし、新月と満月とではお願いごとの書き方が異なるので注意してください。

新月・満月それぞれのお願いごとの書き方を紹介します。

## 開運アクション①　新月の願いは「宣言」形式にする

新月ははじまりのパワーに満ちています。そこで**「これから私は○○になります」**と、現在から未来に向けた「宣言」形式で書きましょう。なるべく具体的に書くほど、願いが叶いやすいです。次の例を参考にしてください。

「これから私は龍神様のパワーをたくさんいただき、龍神様の助けをお借りしながら、月収100万円を継続的に稼ぎます。私はたくさんの人のお役に立ち、その人たちから毎日感謝されています。そのため、ストレスはほとんどなく、愛のある人たちと、笑いながら、遊ぶように日々を過ごしています。そして、いそがしくなく、日本中の神社をお参りする時間の余裕がたっぷりとあります」

## 開運アクション② 満月の願いは「予《よ》祝《しゅく》」形式にする

満月は収穫のパワーを帯びています。そこで**「もう、私は○○になりました」**と、未来の視点から現在を見つめた過去形で書きましょう。つまり**「予祝」（あらかじめ祝うこと）**形式です。新月同様、できるだけ具体的に書くのが大事です。

次の例を参考にしてください。

「私は龍神様と仲良くなって、幸せな生活を送っています。愛のあるパートナーと一緒に暮らし、毎日が楽しくて仕方がありません。世界中を旅行して、旅行記を書く作家としても成功しました。夢が全部叶いました。ありがとうございます」

## 水星逆行《ぎゃっこう》――あせらず、ゆっくり休む期間

星のパワーの影響といえば、「水星逆行」も外せません。

不成就日と同じように、良くないことが起こると思われがちです。しかし、水星逆行の性質がわかってしまえばちっとも怖くありません。むしろ**開運の流れを加速する**ことだってできるのです。

まずは、水星逆行について説明しましょう。

西洋占星術では、太陽および太陽の周りを回っている惑星の動きが、地球上の私たちの運勢に影響を及ぼすと考えられています。太陽系の惑星とは水星、金星、

地球、火星、木星、土星、天王星、海王星の8つです（準惑星の冥王星を含めると9つ）。

**地球から見て、これら惑星の動きが通常の惑星の軌道の動きとは逆方向に後戻りしているかのように見える現象が「惑星の逆行」です。**

あくまで、「地球から見て逆方向に動いているように〝見える〟」だけであり、実際に逆行しているわけではありません。

少し想像力を働かせてみてください。あなたは太陽の上に立っています（暑い！　熱い！）。あなたはその太陽から、それぞれの惑星を見ています。

太陽の位置からならば、惑星はすべて同じ方向に動いていることでしょう。なぜならば、太陽系では惑星は太陽を中心に回っているからです。太陽から見て、惑星が逆の方向に動くなんてことはありえないのです。

ところが私たちは実際、地球から他の惑星を見ています。しかも、その地球自体も太陽の周りを回っています。他の惑星は太陽の周りをグルグル、地球も太陽の周りをグルグル。グルグル回っている地球から、グルグル回っている他の惑星を見たら、他の惑星の軌道は、いつも同じ軌道にはならないのです。

常に同一の動きではなく、イレギュラーな動きが入ることは想像に難くないでしょう。このイレギュラーな惑星の動きを、惑星の「逆行」と呼んでいるのです。

つまり、本当は同じ方向に規則的に動いている惑星が、地球から見たときは位置によって逆戻りして見えるときがある。それが「逆行」という現象なのです。

したがって、すべての惑星が「逆行」します。水星、金星、火星、木星、土星、天王星、海王星、冥王星で逆行が見られます。ですが、**中でも水星の逆行は、私たちの生活にダイレクトに大きな影響を与える**とされているのです。

一般的に惑星が逆行している期間は、その惑星の本来の力が弱められる、もしくはマイナスの方向に力が現れやすいと言われています。

では、水星の本来の力とは何でしょうか？

水星が司る本来の力とは、ズバリ**「感情と人間関係」**です。水星が順行（本来の動き）中には、感情が安定していて人間関係も順調にいっている人でも、水星が逆行中には感情が不安定になったり、仲の良い人とケンカをしてしまったりします。また、問題なくお付き合いしていたパートナーから急に一方的な別れを告げられてしまう、メールやＬＩＮＥのやり取りで誤解が生じて気まずくなってしまった……。これらはすべて、水星逆行の影響です。

「なんだかコミュニケーションがうまくいかないな」「なんだか気分が落ち込み気味」と思ったら、水星逆行の影響だと考えていいでしょう。

水星逆行は毎回一カ月ほど続きます。この期間中はしんどい、つらい……と感じる人も多いようです。しかし**「水星逆行」を開運のきっかけに変える**こともできるのです。水星逆行のおすすめ開運アクションは、次の３つです。

## 開運アクション①　急がない、あせらない

水星逆行中は、水星のエネルギーが下がっているため「うまくいかなくて当た

り前」なのです。このとき感情のエネルギーも同じく下がっているせいで、どうしても自分を責めてしまいがちです。ですが、自分を責めるのはやめましょう。

水星逆行の期間は、**急がずあせらず、マイペースで過ごす**のが最善です。

うまくいかないことが起こっても、全部水星逆行のせいにすればOK！

自分を責めて苦しむのではなく、星回りのせいにして自分の心を守りましょう。

## 開運アクション②　休む

水星逆行中はエネルギーが下がっています。

つまり、活動するよりも**休むのにうってつけの期間なのです。**

ですから、あなた自身がリフレッシュできる行動をとってください。

例えば、森林浴でのんびりする、パワースポットに行ってスピリチュアル・パワーをいただく、おいしいものを食べてよく眠る、疲れないていどに軽く体を動かす、心が落ち着くアロマをたく、気になっていた映画を見る……などなど。

水星逆行の期間中は、リフレッシュ活動にいそしんでください。

もちろん、仕事や家事でいそがしくて、とてもそんな余裕はないとおっしゃる方もいるでしょう。そんな方でも、ほんの少しでもいいので自分を休ませることを意識してください。その意識さえあれば、エネルギーが下がりがちな水星逆行中でも、バランスを保ちながら少しずつ前に進むことができるのです。

## 開運アクション③ ダイエットをする

意外と知られていないことですが、**水星逆行中はダイエットにぴったりのタイミング**です。この期間は水星のエネルギーが低下するため、私たちの活動のエネルギーも下がります。すると、**自然と食欲もふだんより落ちて、体重も落ちやすくなる**といわれています。

食事は軽めを心がけて、外出なども控え気味にしてゆったりと過ごしましょう。

水星逆行が終わった時点で、体重が数キロ落ちているかもしれません！

# 最強開運日——天赦日と一粒万倍日が重なる日！

最後に、最も開運する日をお伝えしますね。年に何度かしか訪れない開運日が、たまたま重なることがあります。例えば、巳の日と一粒万倍日が重なったり、天赦日と寅の日が重なったり、といった具合です。

とりわけ、天赦日は年に5～6回ほどしかなく、さらに、他の開運日と重なることが非常に珍しいのです。

したがって、**天赦日と一粒万倍日が重なると、「最強開運日」となります。**

最強開運日や、その他の開運日の重なる日に行う開運アクションは、それぞれの日に行うと良いことと同じです。ただ、**最強開運日に行うと、とめどなくパワーが増していくのです！**　例えば、天赦日にお財布を買い替えたら、金運が上昇しますが、最強開運日にお財布を買い替えると、さらにとんでもなく金運が上昇する、といった具合です。

最強開運日や、開運日の重なりは最近ではニュースになるほどです。
その日は滅多に訪れません。見逃してはもったいない！
アンテナを張って情報をキャッチしましょう。

以上が開運日の解説と、その日にしてほしい開運アクションです。
開運日を上手に活用することで、あなたの人生は龍のごとく飛躍します。
冒頭のミキのエピソードを思い出してください。
開運日を「そんなの迷信でしょ」と思うのはとてももったいないことです。
ぜひ、ご自身の人生に取り入れて、開運ライフをエンジョイしてくださいね。

# 第3章

# 龍神が応援してくれる！年中行事のおすすめ開運アクション

# 年中行事にこそ、開運の大チャンスが潜んでいる！

初詣（1月）や七夕（7月）など、**月ごとの年中行事**が昔から伝わっています。この章では、年中行事で龍神様がおすすめする開運アクションを紹介します。

日本には開運日の他に昔から大切にされてきた年中行事があります。これらの行事は神道や仏教に由来するものが多いのですが、**スピリチュアルの視点からも大事な意味**を持っています。開運日と月ごとの年中行事の両方を知り、さらにそれぞれの開運アクションをしてもらえば、**運気上昇**は間違いありません！

中には私のオリジナル開運日も混じっています。あくまで私の見解ですので、エンタメ感覚で楽しんでください。さあ、龍のごとく運気を上昇させましょう！

# 1月（睦月《むつき》）――新年のスタートは、龍神様とともに！

## 初詣

まずは年の初め、1月の開運アクションを紹介します。

お正月にみなさんがまず出かけるのは、初詣ですね。

初詣は日本の伝統的な行事の代表格で、新年に神社やお寺に参拝して、一年の無病息災や家内安全、商売繁盛などの祈願を行います。

初詣の原型は、平安時代にその家の当主が、氏神様《うじがみさま》（土地の守り神）が祀られている社寺に大晦日《おおみそか》の晩から元旦までこもった「年籠り《としごもり》」とされています。さらに江戸時代にはその年の恵方《えほう》（縁起の良い方角）の神社に参拝する「恵方詣《えほうまいり》」が流行しました。今日のように、元日に有名で大きな社寺に大勢の人たちが参拝する形式が広まったのは、明治以降といわれています。

形式の違いこそあれ、新年の神仏に対する感謝の気持ち、一年の安全や幸せを祈る気持ちは共通しているといえるでしょう。

初詣に行くと、**新しい年のエネルギーが浄化され、ポジティブな力を受け取ることができます。**神社やお寺はパワースポットなので、そこには神聖なエネルギーが満ちています。**初詣に行くことで、そのエネルギーを吸収し、新しい年の運気を上昇させることができる**のです。

新年の訪れとともに、心を込めて初詣に行きましょう。初詣への第一歩が、新しい年の運気を大きく変えてくれます。神社やお寺の厳かな雰囲気に包まれながら、あなたの願いを神様や仏様に伝えてください。あなたの心が神秘的な空気で満たされ、新しい年に向けた希望や勇気が湧いてくることでしょう。

初詣は新しい年のはじまりにふさわしい、すばらしい行事です。ご家族や友人と一緒に、新年の訪れを祝って開運を祈願しましょう。

**初詣では、とりわけ龍神様にお願いごとをすると良いとされています。**

お正月を迎えた龍神様は、人々の願いを聞き入れようと気合が入っています！
初詣ならではの龍神様へのお願いの方法を3つ、紹介します。

## 開運アクション① 願いを絵馬に書いて龍神様に捧げる

願いごとを絵馬に書いて、神社の龍神様に捧げましょう。**書いた絵馬を神社の絵馬かけに奉納し、手を合わせて静かに祈ります。**たったこれだけのことで、あなたの願いが叶う確率がビックリするほど高まるのです！

願いごとを書く際に大事なことは、**具体的かつ明確に書く**ことです。あなたの願いを、遠慮せずにはっきりと龍神様にお伝えしましょう。それだけ願望成就に近づくのは言うまでもありません。そして、絵馬かけに絵馬を奉納したら、

**「龍神様、私も行動しますので、追い風を吹かせてください。大好きです、愛しています」**

と龍神様に伝えてください。

このお願いの仕方には、2つの大事なポイントが含まれています。

ポイント① 追い風を吹かせてください、とお願いする

龍神様の大切なお役目は、**「行動する人」を応援する**ことです。

逆に言うと「行動しない人」に対しては、助けたくてもその効力を発揮することができません。その人が行動を起こしてくれたら、龍神様はよろこんで手を貸してくれるのです。

ですから、**「まずは自分のできることをやります！」**と宣言してください。そして、その行動が実りある結果に結びつくように龍神様にお願いをするのです。

ポイント② 大好きです、愛しています、と伝える

龍神様に最も伝わる言葉は、この**「大好きです、愛しています」**です。

これはどの神社に参拝しても、言ってほしい言葉です。なぜなら、**龍神様のパ**

**ワーを引き出す魔法の言葉**だからです。龍神様は**愛の存在**です。「愛しています」と伝えることで、そのエネルギーをいただけるのです。

この2つの大事なポイントを意識して、絵馬を龍神様に捧げてください。

今年一年、**愛がいっぱいの年**になるようにお願いしましょう。

## 開運アクション②　絵馬に「金《きん》運《うん》龍如《りゅうじょ》爆《ばく》上《じょう》」と書く

「金運龍如爆上」とは、私が龍神様から教えてもらった**金運を龍のごとく爆上げさせる真言《しんごん》（おまじない）**です。「金運龍如爆上」と絵馬に書いて奉納すると、その年の金運は、**信じられないくらい爆上がり**します。

私は初詣に限らず、立ち寄った神社で絵馬に「金運龍如爆上」と書いて奉納するようにしています。もし、あなたが神社で「金運龍如爆上　ドラゴンマスターSHINGO」と書かれた絵馬を見つけたら、それは私です！

## 開運アクション③

## 周りの絵馬の願いごとも叶うように祈る

絵馬をかけるときに、絵馬かけにかかっている他の人たちの願いごとも龍神様が聞き届けてくださるように、**周りの絵馬にもエネルギーを送りましょう。**

自分だけでなく、他の人たちの願いも龍神様が成就させてくださるように祈るのです。具体的には**「みんなの願いが叶いますように」**とお祈りしましょう。龍はすべての人の願いを叶えようとします。

**あなたが他人の願いが叶うように祈るとき、それはまさに龍と同じことをしているのです。**龍と同じことをすれば、**龍と波動が共鳴します。龍とつながりやすくなる**のです。他人の願いが成就するのを、まるで自分の願いのように心からお祈りする。すると、**龍神様はあなたのより強い味方になってくれる**のです。

初詣で龍神様にお願いをして、一年の運気上昇をゲットしましょう！

## 初夢

初夢とは、新年に初めてみる夢のことです。

初夢には諸説あって、12月31日から元旦、または1月1日から1月2日に見る夢を指すとする説、1月2日から1月3日に見る夢を指すとする説もあります。

あまり厳密に考えずに、三が日辺りで見た、初めての（覚えている）夢ととらえてはいかがでしょうか。

歴史的には、初夢は奈良時代ごろから重要視されていたようです。当時、夢は神仏からの啓示とされ、将来起こりうる出来事や運命を人々に知らせるものと考えられていたのです。中でも初夢は、新年の運勢（吉凶）を示すとされました。吉夢（縁起の良い夢）を見ると、開運するとされたのです。

また、初夢は自分がふだんは気づいていない、無意識や潜在意識の願望や恐れが表れるとされています。新年の初夢をとおして、無意識の中に潜んでいる自分の願いや恐れを自覚することで、自分自身と向き合い、成長や変化のきっかけをつかむことができるのです。また、初夢が吉夢であると心にポジティブなエネルギーが満ちて、運気が上昇するとされています。

**初夢に龍が登場すると、その年は一年中、幸運に恵まれると言われています。**龍が現れる夢は、運気が上昇して、ビックリするような大成功や想像もしなかった幸せが訪れるありがたい予兆なのです。

それでは、初夢に龍を見るには、どんなアクションが効果的なのでしょうか。その方法を3つ紹介します。

## 開運アクション① 就寝前にリラックスする

まず大事なのはリラックスすることです。寝る前にリラックスして、心身ともに安らいだ状態で夢を見る準備を整えましょう。

例えば、リラックス効果のあるアロマオイルをたく。ゆっくりと深呼吸をして、心身を落ち着かせるのです。さらに、穏やかなメロディーの音楽を聴くのもおすすめです。シーツや毛布、枕などの寝具もお気に入りの色や質感のものを選び、寝室の環境もくつろげるように整えてください。

**リラックスした状態で眠りにつくと、龍の夢を見やすくなります。**

## 開運アクション② 龍が登場する物語を読む、絵を見る

寝る前に**龍について書かれたお話を読んだり、龍の絵を見たりしましょう。**

すると無意識に龍のイメージが刷り込まれて、夢に現れる可能性が高まります。

龍が描かれた美しい絵画を見つめれば、あなたの心の中に龍の姿が残ることでしょう。龍が登場する動画（アニメなど）を視聴すれば、イキイキとした龍のイメージが深まることでしょう。絵画や動画に繰り返し親しめば、夢の中での龍との出会いが現実味を帯びてくるのです。

## 開運アクション③　龍をイメージしながら瞑想する

寝る前に、龍をイメージしながら瞑想するのもとても効果的です。

**目を閉じて龍がのびのびと空を舞い、幸運を運んでくれる姿を想像しましょう。**

そのイメージを心に留めたまま、安らいだ気分で眠りにつくのです。そうすれば夢に龍が登場する確率が格段に上がります。

龍の姿を、できるだけ細部まで現実感をもって想像してみてください。まるでこの世界に本当に存在しているかのようなリアルな龍が、あなたに運気をもたらしてくれるようすをイメージしましょう。龍とのつながりを、より強く深く感じられるようになります。

これらの瞑想を続けていくと、夢の中で龍に出会い、そのすばらしいパワーを受け取ることができるようになります。

開運招福のパワーに満ちた龍との出会いを、ぜひ初夢で果たしてください！

## 書き初め

お正月に、初めて書（または絵）をしたためる書き初め。上手に書けるかドキドキした経験をお持ちの方もいることでしょう。

じつはこの**書き初めによって、開運を引き寄せられるのです！**

書き初めは、平安時代の宮中ではじまった儀式とされています。元旦に筆（毛筆）をとり、一年の無事や豊作、家内安全を願いつつ美しい文字を書くことで、その年の運気を引き上げると信じられてきました。

書き初めは、自己研鑽《けんさん》や向上心を燃やす行為でもあります。新しい年に向けて、心機一転する意味も込められています。

**書く文字自体に波動があり、自分の心やエネルギーが波動によって紙に刻まれるのです。**ですから、書き初めをはじめる前に大切なことは、**自分の心を落ち着かせてポジティブな気持ちをキープすることです。**

そうすれば幸運を引き寄せる波動が強くなり、ますます開運につながります。
ところで、書き初めで何を書いたらいいのか迷いますよね？
書き初めで書くと開運する文字を2つ、紹介します。

## 開運アクション①　龍の文字を書く

**「龍」の文字を書くと開運します。**

「ホントに!?」と驚くかもしれませんが、なぜなら**「龍」という文字自体が、実物の龍と同じように躍動感《やくどうかん》あふれるエネルギーを持っている**からです。

心を鎮めて墨をすっていると、ゆったりとした気持ちになるから不思議です。落ち着いたら筆をとって、**半紙に「龍」と一文字書きましょう。**

たったこれだけで、龍のパワーがあなたに宿ります！

私のオフィスには、世界レベルで活躍する友人の書家が書いた、全長150センチほどの大きな「龍」の書を飾っています。その書の前に立つだけで、体の中から熱いエネルギーが湧き上がり、全身が貫かれるように感じます。

「龍」という文字には、強大なエネルギーが宿っているのです。

## 開運アクション②　てち（てつ）の文字を書く

龍を４つ並べた漢字が存在します。

**龖龖**

「てち」もしくは「てつ」と読み、これで一文字の漢字なのです。

その意味は**「盛り上がる！」**です。なにしろ龍神様が４柱もいるので、「盛り上がる」のは当然かもしれません。画数はなんと64画。書き初めでこの字を書けば、龍のパワーが４倍にもなりそうです。

新年にこそふさわしい、**縁起のいい漢字**です。

# 2月（如月《きさらぎ》）——龍神様の愛に包まれて、浄化&恋が叶う！

## 立春《りっしゅん》と節分《せつぶん》

2月の開運アクションを紹介します。

2月といえば立春です。

立春は、古代中国から日本に伝わった暦である二十四節気のひとつです。意味は**春のはじまり**です。

二十四節気は、古代中国で農耕や狩猟などの目安として役立つように季節を区分して作られました。一年を24等分に分けています。日本では、この暦が古くから使われてきました。

立春は、現在の暦では2月4日ごろになります。

この時期、日本のほとんどの地域ではまだまだ寒さが厳しいですね。しかし、暖かい春の訪れを感じさせる兆《きざ》しが現れはじめるタイミングでもあるのです。

例えば、梅の花が咲きはじめる、昼間の日差しが暖かく感じられる、ウグイスのさえずりが聞こえてくる……といったことです。

また、**立春の前には節分があります。**節分はそもそも、立春・立夏・立秋・立冬の前日にあたる日を指していました。一般的には立春の前日、つまり立春の節分が最も広く知られています。

立春の「立」の字は**「辰《たつ》」**につながります。冬が終わって春の躍動するエネルギーが、まるで天に昇る龍のごとく湧き上がるパワフルな日です。したがって、**この日に思い切って行動をすると開運につながる**といわれています。

立春と節分におすすめの開運アクションは、次のとおりです。

## 開運アクション①

# 立《りっ》春《しゅん》大《だい》吉《きち》のお札《ふだ》を貼る

立春大吉は、立春の日に行われる縁起の良い行事です。

**お寺や神社で立春大吉のお札をもらい、家の玄関や部屋に貼ることで、災いが遠ざかる**と言われています。立春大吉という文字をよく見てください。**左右対称**ですね。季節の変わり目にやって来る鬼が、立春大吉のお札が玄関の内側に貼ってある家に入り、振り返ってお札を見たとき、「まだこの家に入っていなかった」と勘違いをして、出ていってしまうというわけです。

何とも、ありがたいお札ですね！　立春大吉のお札はお寺や神社で配布されています。もちろん、自分で書いても問題ありません。

立春大吉のお札を貼って、一年間の無病息災や家内安全、商売繁盛などを祈願しましょう。龍のごとく力のある春のエネルギーがあなたの家に届くでしょう。

## 開運アクション②

# 「龍さんありがとう」と言って豆まきをする

立春の前日にあたる節分の行事といえば、**「豆まき」**が有名ですね。

豆まきの効能は、**魔除《まよ》けや厄払《やくばら》い**です。「豆」は「魔を滅《めっ》する」に通じることから、浄化や邪気払いに効果があるとされています。

**さあ、浄化といえば龍神様の五大得意技のひとつでしたね**（26ページ参照）。

そこで豆をまくときに、龍神様を感じてほしいのです！

まず、**あなたの近くに龍神様がいるとイメージしましょう。**

次に**「鬼は外、福は内、龍さんありがとう」と唱えながら、豆をまきましょう。**

「龍さんありがとう」は、龍神様を呼び出す魔法の言葉です。

「龍さんありがとう」と言いながら豆をまくと、よりいっそう「魔を滅する」効果が上がりますので、強力な邪気払いになるのです。

## 開運アクション③　若《わか》水《みず》を飲む

**立春の朝、最初に汲《く》んだ水が若水です。**

現在では、若水というと元旦に最初に汲んだ水を指すのが一般的になりましたが、もともとは立春の朝に最初に汲んだ水のことでした。

**若水は、清浄なエネルギーに満たされた水とされていて、飲むと邪気が払われ健康や長寿の効果がある**とされています。立春の朝早く、近くの澄んだ水が流れる川や井戸から水を汲んで飲みましょう（衛生面はご注意ください）。

龍は水の神でもあります。

立春に龍のエネルギーを受け取りたい方は、若水を飲むことをおすすめします。**若水をとおして、あなたの体の中に龍神様が入り込むようなイメージ**を浮かべるとさらに開運します。

## バレンタインデー

バレンタインデーは毎年2月14日、恋人や友人への愛情や感謝を表現するイベントです。

この行事は、**古代ローマ時代のキリスト教の殉教者、聖バレンタイン（St. Valentine）**に由来しています。この聖バレンタインさん、3世紀のローマ帝国時代にキリスト教の司祭として活動していました。

当時のローマ皇帝クラウディウス2世は、「故郷に恋人を残してきた兵士がいると、軍の士気が下がる」「戦争に行くのを避けてしまう」と考えて、何と兵士の結婚を禁止してしまったのです。

「それでは兵士たちがかわいそうだ」と、聖バレンタインさんは皇帝の政策に逆らって、ひそかに若いカップルたちの結婚式を執り行いました。彼の反逆行為は皇帝の知るところとなり、ついに捕らえられて処刑されてしまうのです。

愛に殉じた聖バレンタインさんが亡くなった日が、2月14日なのです。

この出来事から聖バレンタインは、恋人たちや結婚の守護聖人となったのです。彼の命日の2月14日は、彼への追悼《ついとう》行事を営む日となります。千年ほど後に、この日は**「恋人たちの日」**として祝われるようになりました。

やがてヨーロッパ各国やアメリカなどにも広がり、現在のバレンタインデーへと進化しました。ちなみに欧米では、恋人や家族の間で花束や愛のカードを贈って感謝を伝えるケースが多いようです。日本のように、女性が男性にチョコレートをプレゼントして、愛を告白するのは世界でも珍しい習慣のようです。

バレンタインデーにおすすめの開運アクションは、次のとおりです。

## 開運アクション①

## 龍神様に恋が成就するようにお祈りする

**龍神様の五大得意技のひとつが「成就」です**（26ページ参照）。

その成就のパワーは、もちろん**恋の成就にもすごい威力を発揮します。恋愛が成就するよう、龍神様にお祈りを捧げましょう。**きっとあなたの願いは叶います。龍神様は人と人とをつなぐ**縁結びの力**も持っています。

恋愛成就を願う人々を見守り、願いが叶う力を与えてくれます。

バレンタインデーに恋愛成就を願うあなたは、ぜひ心の中で龍神様に祈りを捧げてください。あなたの真心を龍神様は受け止めてくださり、運命の相手との出会いや恋愛関係を進展へと導いてくれるでしょう。

## 開運アクション② 龍神様に新しい出会いをお祈りする

龍神様は恋愛だけでなく、ビジネスや恋愛以外の人間関係でもすばらしい出会いをセッティングして良縁を結んでくれます。ビジネスの成功や人間関係の広がりを望むあなたも、龍神様にぜひお願いしてみてください。

ビジネスの世界では、ある人物との出会いで成功が9割がた決まったり、ある強力なメンター（良き助言者）との出会いで思いもよらない成長をとげたりすることがあります。そんな**決定的な出会い、指導者であるメンターとの縁を結ぶために、龍神様にお祈りを捧げましょう。**龍神様は、あなたに必要な出会いや縁を引き寄せてくれます。

お祈りの際には心を落ち着かせて、目の前の問題だけでなく、将来のビジョンや目標に対する願いも伝えることが大切です。

また、すでに与えられた恩恵や出会いについても龍神様への感謝の気持ちを忘れず、龍神様への敬意を示しましょう。すると、さらに強力なお導きをいただけることでしょう。

## 開運アクション③ 龍神様にお酒を奉納する

龍神様はチョコレートよりもお酒が大好きです♪　バレンタインデーでチョコ

を渡すように、日頃の感謝とともに**龍神様にお酒を奉納しましょう。**

龍神様は、奉納されたお酒をとてもよろこんでくださいます！

**ご自宅に龍の置物があれば、銅杯（銅でできた水を入れる小さな器）や、コップなどにお酒をなみなみと注いで、置物の前に置いてください。**

**その後、二拝二拍手一拝の作法で、龍神様に感謝を伝えましょう。**

「お酒はいつも奉納しています」という人は、いつもの**倍の量のお酒**を奉納しましょう。龍神様はきっとニコニコ笑顔に変わることでしょう。

ご自宅に龍の置物がない場合は、**龍の絵**でも大丈夫です。

また、近所に龍を祀った神社があれば、そこにお酒を奉納してもいいでしょう。ただし神社によっては、飲食物の奉納を断っているところがあります。必ず、事前に確認してから奉納するようにしてくださいね。

## 3月（弥生《やよい》）――古いものを手放す、絶好のタイミング！

### 春分《しゅんぶん》の日

春分は、暦のうえでとても重要な節目のひとつです。

秋分と同じく、太陽が真東から昇って真西に沈む日で、**昼と夜の長さがほぼ等しくなる**ことで知られています。春の訪れを感じさせる期間です。

春分の日は、3月20日から3月22日の間に訪れますが、年によっては若干のずれが生じます。

日本では春分の日は、国民の祝日とされています。

1948年に制定された「国民の祝日に関する法律」により、春分を祝うための休日が定められました。この日は、自然をたたえ、生物をいつくしむ日とされています。また、多くの人たちがこの機会に**お墓参り**に行きます。

春分の日には、仏教の行事である**「彼岸《ひがん》」**も行われます。彼岸は、春分を中日として、前後3日ずつの計7日間で構成されています。彼岸は、極楽浄土《ごくらくじょうど》を意味し、現世を意味する「此岸《しがん》」との対比から名づけられました。

この期間は、**現世とあの世が近づく**とされています。そのため、彼岸の間にお墓参りに行き、先祖の霊を供養する風習が続いているのです。

さて、昼の長さと夜の長さが等しくなる春分は、**冬の陰のエネルギーから春の陽のエネルギーに移り変わるタイミング**でもあります。いままで溜め込んでいた邪気が解放されるので、新しい道に進むにはうってつけの日なのです。

また、世界各地には、春分の日を意識した遺跡がたくさん残されています。

有名なのはイギリスの南西部にある**ストーンヘンジ**です。巨大な石が円環状にそびえ立つ遺跡です。夏至や冬至や秋分など、太陽の位置関係を意識した構造になっていることから、古代人がとても高度な天文学の知識を持っていたことを裏づけています。

第1章で登場したメキシコのククルカンのピラミッド（35ページ参照）では、春分の日に神殿に太陽の光が当たると神殿の階段にヘビのような、龍のような影が現れることで知られています。

また、西洋占星術の世界で春分は**「宇宙元旦」**と呼ばれています。その理由は、占星術での一年のスタートは元旦ではなく、春分だからです。この日に宇宙からのエネルギーがリセットされ、すべてが新しくスタートするといわれています。

このように、春分の日は暦だけではなくスピリチュアルな観点からも、非常に縁起の良い日なのです。

春分の日におすすめの開運アクションを2つ、紹介します。

## 開運アクション①　断《だん》捨《しゃ》離《り》をする

春分の日・宇宙元旦は古いものを手放し、新しいエネルギーを取り入れる日です。古いものが残っていると、せっかくの新しいエネルギーを吸収できません。

春分の日は祝日でお休みなので、ご自宅や自分の部屋の断捨離からはじめてみましょう！　スッキリと身軽になって、新しい春を迎えるのです。

断捨離にはコツがあります。それは**「必要だと思っているけど、しばらく使っていないものは躊躇《ちゅうちょ》なく捨てる」**ということ。

断捨離によって不要なものを捨てたのに、なんだかスッキリしない……という人がいます。しかし、「捨てた」というわりに、その人の部屋にはまだまだたくさんの物が残っています。そういう人は、しばらく使わないものでも「いつか使うから」と捨てずにいるため、断捨離がうまくできないのです。

洋服であれば、お気に入りのもの以外、一年着ていなかったら捨てましょう。色褪《あ》せているにもかかわらず、「部屋着で着られるから」と取っておくのはやめましょう。くたびれて色褪《あ》せた洋服は邪気もつきやすいので、すぐに捨てましょう。その代わりに新しい部屋着を買ってください。部屋はリラックスする場所です。新しい清潔な部屋着のほうがくつろげるでしょう。

引き出しの中に眠ったままの、何に使うかわからない電気コードなども思い切って全部捨てましょう。そうしたコードが将来使われる可能性はほとんどありません。引き出しの中がごちゃごちゃしていると邪気が溜まりやすくなるので、潔く捨てるのが最善です。

また、無料でもらった化粧品の試供品などを溜め込んでいないでしょうか。

**「使うなら使う」「使わないなら捨てる」を徹底しましょう。**

使うあてのない、無駄なものを溜め込んでいると、せっかくの宇宙からのエネルギーが逃げていってしまいます。

断捨離を進めるコツは**「もったいないなあ、と思ったら捨てる。これは絶対取っておきたい！　と思ったら残す」**という感覚をつかむことです。

断捨離がうまくなると、決断力がつきます。決断力がつくと、龍神様がもたらしてくれる幸運を受け取りやすくなります。宇宙元旦には断捨離をしましょう！

## 開運アクション②　古い価値観を見直す

春分のキーワードは**「手放す」**です。

したがってお部屋の中の**物理的なもの**だけでなく、自分の「考え方」のような**精神的なもの**も手放していきましょう。

自分にはもう必要ない「考え方」に強くこだわっていませんか？　執着していることはありませんか？　春分の日は、これらを見直す絶好の機会です。

ただし、自分を縛っている古い価値観は、なかなか自分では気づかないものです。**他人の行動に対して、自分の心がどう反応するかを観察する**のは、自分の価値観に気づく有効な方法です。

例えば、友人のAさんは、いつも楽しげで笑顔を絶やしません。あなたは彼女を見ると、いつも**「うらやましいな……」**という感情が湧いてくるとします。

それは、あなたが**「Aさんみたいになりたい、でもなれるはずがない」**という価値観を持っているからです。仮に「Aさんみたいになりたい」という感情をまったく持っていなかったら、Aさんを見ても何も感じないはずなのです。

また、友人のBさんは時間に束縛されず、気楽に生きています。

あなたは彼女を見ると、いつも「ずるい」という感情が湧いてくるとします。

これも先ほどの例と同様、「Bさんみたいになりたい（でもなれるはずがない）」と思っているからこそ湧き出る感情です。

このように、他人を見て、羨望《せんぼう》や批判の気持ちが湧いてきたら、自分の心を見つめましょう。自分に禁じていること、自分で自分に制限をかけていることはないか、チェックしてみてください。

もちろん、相手から嫌なことをされたせいで、批判の気持ちが生まれることはあるでしょう。このようなケースは対象外ですが、心の中で自分にブレーキをかけているものがないか、確認してみてください。

「Aさんみたいになりたい（でもなれるはずがない）」

「Bさんみたいになりたい（でもなれるはずがない）」

と感じているとわかったら、手放すべきは（でもなれるはずがない）部分です。

「なれるはずがない」と自分で決めてしまうと、なれるはずがありません。

でも、**「なりたい」という自分の気持ちは確実にあるのです**。自分の気持ちに蓋《ふた》をしている状態では、心の健康に良いわけがありません。

「私はAさんみたいにキラキラ輝きたいし、輝いていいのだ！」

「私はBさんみたいに時間に縛られずに生きたいし、生きていいのだ！」

と自分の気持ちに正直になってください。**あなたが自分に正直になればなるほど、あなたの波動はアップし、あなたらしい人生を送ることができます。**

そんなあなたを龍神様は応援し、大きなチャンスを与えてくれるのです！

# 4月（卯月《うづき》）――4月4日「龍の日」で運気上昇！

## お花見《はなみ》

日本の春の風物詩といえば、お花見ですね。桜《さくら》の花が咲くころ、その美しさを楽しむ行事です。お花見の期間は、通常3月下旬から4月上旬にかけてですが、日本の国土は南北に長いため、地域や気候により桜の開花時期には差があります。

桜前線が南から北へと移動し、開花予想や見ごろが発表されると、各地で大勢の人たちがお花見の計画をワクワクしながら立てるのです。

お花見は桜が植えられた公園や川沿い、もしくは神社仏閣など、桜の名所で行われます。家族や親しい友人、職場の仲間たちと一緒に、桜の木の下に敷物を広げて座り、食事やお酒を楽しみます。最近では、夜間に桜の木がライトアップされて、夜桜の美しさを堪能できる場所も人気を集めています。

お花見は平安時代にはじまったとされています。その場所は、平安京に都を遷《うつ》したことで有名な桓武《かんむ》天皇が造園した「**神泉苑《しんせんえん》**」です。桓武天皇の第二皇子だった嵯峨《さが》天皇が、桜を見ながら宴を開催したのが起源とされています。この神泉苑、じつは龍と非常に関わりが深い場所です。

平安時代、長期間続いた干ばつに困った淳和《じゅんな》天皇は、真言宗の開祖として有名な弘法大師《こうぼうたいし》空海に、雨乞いを依頼します。

空海は彼に嫉妬する他の僧侶の妨害もはねのけ、雨を降らせる力を持った**善女《ぜんによ》龍王《りゅうおう》**という龍の女神をインドから召喚します。そして見事、天皇の期待に応えて雨を降らせることに成功します。**空海こそ、元祖龍使い**だったのですね！

じつは、空海が雨乞いをした場所が神泉苑でした。恵みの雨を降らせた善女龍王は、そのまま神泉苑に住み着いたと伝わっています。つまり**お花見のはじまり**

**の地である神泉苑に、龍神様が住み着いた**のです。もともと神泉苑の地下には地脈のエネルギーが集結する龍穴《りゅうけつ》があり、龍伝説が残っていたことも不思議なご縁を感じます。

このように、**お花見と龍には深い関係があるのです。**

また、「桜」という名前にも、とても神秘的な秘密が隠されています。

「さくら」の「さ」という文字は、昔の神様を表しているという説があります。

「くら」は「蔵」につながり、何かを保管する場所という意味があります。

**「さくら」とは「神様を保管する場所」であり、もう少し意訳をすると「神様がよりつく花」となります。**つまり、**お花見で「さくら」を愛《め》でることは「神様を愛でる」**のと同じなのです。

さらに、**お酒を飲み、楽しい気分になることは波動を上げることになります。**

島根県・出雲地方には神在祭というお祭りがあり、日本全国の神様が出雲に集まります。万九千社《まくせのやしろ》（通称　万九千《まんくせん》神社）は、出雲に集まった神様が最後に立ち寄る神社だと言われています。万九千神社で神様たちはお酒を飲んで、宴会をします。ただ、盛り上がった神様たちは、なんと自分たちの家（神社）に帰りたがらないそうです。万九千神社では神様たちに「お立ち、お立ち、お立ち」と唱える儀式があります。「お立ち」とは「立つ」に通じ、神様に「そろそろ帰る時間ですよ」とお伝えする儀式です。

帰ることを諭《さと》されるくらい、神様はお酒と宴会が大好きなのですね。

このように、お花見は神様や龍と深い関連があること、また、宴会も神様とのゆかりが深いことがわかります。つまり、**お花見は楽しみながら神聖なエネルギーが得られる、すばらしい行事**なのです。

お花見のときにおすすめの開運アクションを紹介します。

## 開運アクション①　花見団子を龍の卵だと思って食べる

赤・白・緑の3色でひと揃えとなる団子で、一般的にはあんこが入っていません。**赤は桜、白は白酒、緑は新緑を表すとされ、食べることでそれらの力を体内に取り込める**と考えられました。見た目にも季節感を味わえる食べ物ですね。

お団子は神社や仏閣でよく売られているため、**神聖な食べ物**だと考えられていて、邪気払いの効果があります。邪気払いといえば龍神様の得意技です。ぜひ、お団子を龍神様の卵だと思って食べてみてください。赤い団子は赤龍の卵、白い団子は白龍の卵、緑の団子は緑龍の卵だと思って食べましょう。

龍神様のエネルギーが体内に充電されて、元気が出てきます！

## 開運アクション②　ピンク色のものを身につける

桜の花はピンク色で、とても美しい色ですね。ピンク色には不思議な力があります。桜を見ていると、美しいと感じるだけではなく、気持ちが明るくなったり、楽しくなったりします。桜のピンク色は**「悟《さと》りの色」**とされていて、あらゆるネガティブな気持ちを浄化する作用があるといわれています。ある心理カウンセラーの方は、「落ち込みやすい人は、ピンク色の洋服を一カ月も着続けると、体も心の不調も消えてしまう」と言っていました。確かに、ピンク色にはそんな効果があるように感じるから不思議です。

お花見のときは、ピンク色のものを身につけて桜を見ると、開運効果が倍増します。**ピンク色の洋服や、ストール、アクセサリー**などを身につけましょう。春の陽気とともに、心に気力が湧いてきます！

## 開運アクション③　予《よ》祝《しゅく》をする

お花見は昔の日本人が、**「今年一年の豊穣《ほうじょう》を先に祝った儀式である」**という説があります。春先に秋の収穫を前もってお祝いし、宴席を設けて乾杯をするのです。自分の願いが叶ったのを、先にお祝いするのを**「予祝」**といいます。「予祝」は非常に効果が高く、私はこの「予祝」を使って、たくさんの夢を叶えてきました。龍神様も予祝が大好き！　予祝をすると、龍神様はその人の願いごとを叶えるために、バンバン動いてくれます。予祝のやり方はとても簡単です。
**自分が叶えたいことを過去形で宣言し、最後に「おめでとうございます！」とお祝いします。**

例えば、資格試験に合格したい人がいたとしましょう。「○○検定、合格したいです」というのではなく、「○○検定、合格しました」と過去形で宣言します。まだ叶っていないのに、**まるで叶ったかのように宣言します。そして、その後に「おめでとうございます！」とお祝いします。**つまり、「○○検定、合格しました！　おめでとうございます！」と宣言するのです。

お花見に集まった人たちでぜひ、予祝をやってみてください。

みんなで円になって、一人ひとりが予祝を宣言します。続いて、その場にいる全員で、その人の夢を「おめでとうございます！」と予祝しましょう。

すると夢を叶える原動力が湧き上がり、予祝が現実のものになるのです。

桜の開花のパワーと龍神様のパワーが掛け合わさることで、ますます夢が実現することでしょう。

## 龍の日

龍の日は４月４日です。「あれ、そんな日聞いたことがない」という人もいるでしょう。正直に申し上げます。

**私が勝手に、４月４日が龍の日だと言っているだけです（笑）！**

この開運日はお遊び、エンターテインメントとして、捉えていただけたらと思います。

ただし、「お遊び」と言いましたが、決してふざけているわけではありません。

なぜなら、私は以前、龍神様から**「龍の数字は44、そして8だよ」**と教えてもらったからです。

もし、あなたが散歩をしていて、「44」という数字が目に入ったら、「そばに龍神様がいるよ！」というサインです。**「44」は龍のラッキーナンバー**なのです。

そこで、4月4日を龍の日に決めました。また、同じく**8月8日も同様に「龍の日」**としています。

私は4月4日には必ず、龍神様のいらっしゃる神社に参拝するようにしています。私が勝手に決めた龍の日ですが、**神社にいらっしゃる龍神様たちも、この日は格別にうれしそうにしているのを感じます。**

また、私以外にも龍を感じられた方が「4月4日の龍のエネルギーはすごい！」とおっしゃっていました。まんざら私だけの妄想でもなさそうです。

4月4日の龍の日は、一年に1回しかない特別な日です。ぜひ、開運アクションをとって、**上昇気流（龍）**に乗ってください！

龍の日のおすすめの開運アクションは、次のとおりです。

## 開運アクション①　4月4日4時44分のスクショを撮る

先ほどお伝えしたとおり、44は龍神様のサインです。そして、**4が5つ並ぶと、**

**2つ並ぶよりも、相当なパワーを帯びます。**

スマホの待ち受け画面には、時刻が表示されていますね。**4月4日4時44分**は、4が5つも並ぶ貴重な時刻です。この時刻は一年に2分間しかありません。4月4日午前4時44分の1分間、4月4日午後4時44分の1分間。

この2分間しかない貴重なチャンスを、ぜひ、ものにしましょう！

チャンスを見逃さないように、4時40分くらいにスマホのアラームを設定しておきましょう。4月4日4時44分のスクリーンショット画像をスマホに保存しておくだけで、運気が上昇します！

**この画像自体が、龍神様のパワーが入ったお守りになるのです。**

朝4時台に起きるのは厳しいという人は、もちろん午後4時44分でOKです。スマホによっては、「16時44分」と表示されてしまうこともあるでしょう。落ち着いてください。スマホの設定を変更して、4時44分の表示にできます。

## 開運アクション②　川、海、湖、滝などの水に関わる場所に行く

龍の日には、自然の中で水がある場所に行ってください。

龍神様は水の神様ですので、特に**川、海、湖、滝といった水のエネルギーが強い場所**で龍神様からの恩恵を受けることができます。

龍の日におすすめしたいのは、そうした自然豊かな水辺を訪れて、心を落ち着かせて龍神様に敬意を払うことです。すると、龍神様の力をお借りすることができます。こうしたお祈りやお参りにより、あなたの心身はリフレッシュされて、開運のチャンスをつかむのです。龍神様のパワーで、活力を取り戻しましょう。

## 開運アクション③　自宅で水を利用した開運法を実践する

時間がなくて、なかなか川や海などに行けない方もいるでしょう。そんな方に

おすすめしたい、自宅でできる水を利用した開運法を紹介します。

まず、**自宅の水回り（キッチン、お風呂、トイレなど）を清潔に保ち、水の流れをスムーズにすることが大切です。**

こうすることで、龍神様のエネルギーが家の中に流れ込みやすくなります。

また、**リビングや寝室に小さな水鉢や噴水を置くのもおすすめです。**空間の中に水の力を感じることができます。水鉢にはきれいな水と水草を入れて、いつも清潔に保ちましょう。水を象徴するアイテム、例えば青いインテリアやアクセサリーを活用すれば、龍神様のパワーを引き寄せることができます。

自宅での開運法は、水回りをきれいに保ったり、水鉢の水の汚れに気づいたらすぐ入れ替えたりするなど、日々の習慣が大切です。

そうした**清潔な水の力を感じられる空間で、心身ともにリラックスし、感謝の気持ちを持って過ごすと、龍神様からのエネルギーを受け取りやすくなります。**

## お釈迦《しゃか》様の誕生日（花祭り）

花祭りは日本の仏教行事のひとつで、**お釈迦様の誕生を祝う**ものです。

花祭りは、別名**「仏生会《ぶつしょうえ》」「灌仏会《かんぶつえ》」**とも呼ばれており、一般的には4月8日に行われます。

お釈迦様は、紀元前6世紀または紀元前5世紀頃にインド（現在のネパール南部）で生まれ、仏教の開祖となりました。お釈迦様の誕生を祝うこの行事は、日本だけでなく、仏教が伝わった他の国々でも行われています。

花祭りでは、お釈迦様の誕生を象徴する「仏殿《ぶつでん》」と呼ばれる小さな祭壇が設けられます。仏殿の中央には、お釈迦様の幼児時代を表現した「誕生仏《たんじょうぶつ》」と呼ばれる像が安置されます。誕生仏は、右手を空に向け、左手を地に向けた姿で表現されており、これはお釈迦様が生まれたときに、**「天上天下唯我独尊《てんじょうてんげゆいがどくそん》」**と宣言したという伝説を表しています。

仏殿には、花がたくさん飾られます。これは、お釈迦様が誕生したとき、周囲に花が咲き誇ったという伝承にちなんでいます。そのため、この行事は「花祭り」と呼ばれているのです。花で飾られた仏殿は、華やかで美しい光景を作り出し、参拝者たちの心を和ませます。

花祭りのもうひとつの特徴は、**「甘茶《あまちゃ》」**と呼ばれる甘いお茶が用意されることです。これは、**お釈迦様が生まれたときに、天に9頭の龍が現れ、甘い水を吐き、それをお釈迦様の産湯《うぶゆ》（生まれた赤ちゃんが初めてつかるお湯のこと）に使ったという説話**があるためです。甘茶は仏殿にある誕生仏にかけられ、その後、参拝者たちに振る舞われます。甘茶を飲むことで、お釈迦様の誕生のよろこびを分かち合うとともに、心身が浄化されるとされています。

花祭りにおすすめの開運アクションは、次のとおりです。

## 開運アクション①
# 「天《てん》上《じょう》天《てん》下《げ》唯《ゆい》我《が》独《どく》尊《そん》」と唱える

お釈迦様は生まれたときに、天と地を指さして「天上天下唯我独尊」と言われたと伝えられています。「天上天下唯我独尊」という言葉は、「天の上にも下にも唯《ただ》我独りが尊い」と読めてしまいます。お釈迦様ひとりが、この宇宙の中で一番偉いという意味にとってしまいがちです。

しかし、この言葉に込められた本当の意味は**「天の上にも下にも、宇宙でたったひとりの私を大切にしよう」**というものです。

この広大な宇宙の中で、あなたはあなたたひとりしか存在しません。**宇宙でたったひとつの、とても貴重な命が「あなた」という存在**なのです。ですが、人は自分を大切にすることが苦手のようです。つい、他人の意見にふりまわされてしまったり、他人と自分を比較して自信を失ったりしてしまいます。

「天上天下唯我独尊」という言葉は、自分を大切にし、自信を持つことの大切さを教えてくれます。「天上天下唯我独尊」と唱えると、この宇宙にたったひとりしか存在しない**自分の尊い価値**を改めて認識し、自信を取り戻すことができます。鏡の前に立ち、自分自身に向かって「天上天下唯我独尊」と唱えましょう。

この言葉を繰り返すと、**あなたの内にある無限の力と可能性**が目覚めます。

あなたは宇宙で唯一無二の存在です。自分を大切にして、自信を持って歩んでください。「天上天下唯我独尊」と唱えて、あなた自身の尊い価値を信じてください。自信に満ちた、輝かしい未来が待っています。

## 開運アクション②
## お寺に行って、龍の気分にひたる

花祭りは仏教のお祭りですから、この日にお寺に行くと開運します。花まつりが開催されている寺院があれば、ぜひ、参加してみましょう。

お寺の境内に、お釈迦様が生まれたルンビニの花園を模《も》した花御堂《はなみどう》があると思います。花御堂の中には、お釈迦様の誕生仏が安置され、参拝者は誕生仏の頭上に甘茶をかけてお祝いします。

先ほども申し上げたとおり、甘茶は9柱の龍が吐いた甘い水にちなんでいます。**「龍はどんな気分で、お釈迦様の誕生をよろこんだのかな?」**と思いながら、お釈迦様に甘茶をかけましょう。**まるであなたが龍になったような心境で、お釈迦様に愛情を込めて甘茶をかけましょう。**すると、あなたは龍とイメージの中で同化し、龍のエネルギーを自分に取り入れることができます。

近くの寺院で「花祭り」が開催される機会があれば、参加されるのをおすすめします。お子様がいる方は、ぜひ、お子様と一緒にお釈迦様に甘茶をそそいでお参りしてください。楽しい気分で一杯の開運日になることでしょう。

# 5月（皐月《さつき》）――満月の神聖なパワーをキャッチ！

## 五月満月祭《ウエサク》

**5月の満月は特別な満月です。**この日、宇宙からのエネルギーが最も多く、そして強力に降り注ぐと言われています。

**京都・鞍馬寺《くらま》では毎年、5月の満月にウエサク祭が行われています。**

「ウエサク」とは、インドのお祭り「ヴァイシャーカ」に由来します。

お釈迦様の誕生した日、悟りを開いた日、入滅《にゅうめつ》した（お亡くなりになった）日のすべてが、インドの暦におけるヴァイシャーカ月の最初の満月の日でした。

ヴァイシャーカ月は日本の暦では5月にあたるため、5月の第一満月に「ウエサク祭」を行うようになりました。先ほど紹介した、4月の「花祭り」もお釈迦様の誕生をお祝いするお祭りですが、仏教の宗派により暦の扱いが異なるため、同じお釈迦様の誕生をお祝いするお祭りでも、一カ月のずれがあるのです。

5月の満月の夜は、すべてのものが目覚めるように天界から強いエネルギーが降り注ぐと言われています。月は地球から最も近い天体であり、潮の満ち引きのように地球に大きな影響を与えています。当然、月の影響は人間にも及び、満月の日は浄化のパワーが格段に強いため、当日は眠くなってしまう人も多いとされています。また、満月の日には女性の骨盤が開くため、出生率が高まるという説もあります。このようにパワフルな力を帯びた満月の中でも、最もパワーが強いのが「ウエサク」(5月の満月)なのです。

京都の鞍馬寺は、**尊天**《そんてん》という宇宙の神様をお祀りしているお寺です。

鞍馬寺には、太古に**サナト・クマラ**という宇宙人が降臨したという伝説があります。宇宙の星々の中には、地球よりもさらに文明が進んだ星があります。その星は**「アセンション(上昇)」**していると されています。アセンションとは、戦争や競争、憎しみや裏切りなどの憎悪が満ちた次元ではなく、**愛と調和で満たされた平和な天国のような次元**に「上昇」していることを意味しています。

サナト・クマラは**「アセンデッド・マスター」**と呼ばれ、地球をアセンションさせる使命を持って、鞍馬寺に降り立ったと言われています。

鞍馬寺はサナト・クマラがその降臨に選んだ場所ですから、宇宙のエネルギーがとても届きやすい場所です。その鞍馬寺で行われるのが「ウエサク祭」なのです。5月の満月は毎年、日にちが異なるので、事前に本やネットで調べましょう。

5月の満月当日におすすめの開運アクションは次のとおりです。

## 開運アクション① 満月水を作る

5月の満月の強力なエネルギーは、水に転写することができます。そこで、当日は**満月水（ムーンウォーター）**を作りましょう。作り方はとても簡単です。

## ①水を用意する

水として最も望ましいのは、神社仏閣で湧き出ている霊水やご神水です。この水は後で飲みますので、飲める状態のまま清潔に保ちましょう。場合によっては煮沸《しゃふつ》が必要なケースもあるので注意してください。

ご神水を準備できないときは、市販のミネラル・ウォーターでも大丈夫です。

## ②水を入れるボウルを用意する

水は満月の形と共鳴します。そこで、丸いボウルを用意しましょう。

ボウルにお水を入れて、満月のエネルギーを転写する準備をします。

ボウルが準備できない場合は、コップでも問題ありません。

## ③ラップをする

水にゴミやホコリが入らないように、ラップをかけます。

④鏡を置く

満月の光がよく当たるように、ボウルの後ろに鏡を置きます。置き方は、満月の光に対して正対するようにしましょう。2枚の鏡をV字に配置して、ボウルを包むような置き方ができると、月の光を最大限に水に転写することができます。もし、鏡が2枚用意できないときは、1枚でも問題ありません。鏡自体を用意できなければ、鏡はなくても大丈夫です。

⑤ボウルの下に白い紙・敷布を敷く

満月の光がより水に転写されるように、ボウルの下に白い布か紙を敷いてください。こちらも準備が難しければ、なくても大丈夫です。

⑥水を満月の光に当てる

準備ができたら、ボウルを満月の光の下に運び、水に月のパワーを転写しましょう。1時間ほど月の光に当てれば、満月水の完成です。くもりで満月が見えなくても、満月の光は地上に届いているので安心してください。

⑦ 満月水を飲む

5月の満月の聖なるエネルギーを取り込んだ満月水を、自分の体の中に取り込みましょう。次の満月までに飲み切ると良いとされています。もちろん、すぐに飲み切ってしまってもOKです。

体内の邪気が浄化され、宇宙の神聖なエネルギーで体が満たされます。**スピリチュアル体質に変化して、シンクロニシティが多発したり、幸運な出来事が次々と起こりやすくなったりします。**満月水を飲んで、幸運体質になりましょう。

## 開運アクション② 瞑想をする

5月の満月の下で瞑想をすると、満月の神聖なパワーを直接浴びることができます。瞑想は難しいものという印象を持ちがちですが、座って目を閉じるだけで大丈夫。そして、心の中で**「満月からのパワーを受け取ります」**とつぶやきましょう。気持ちがゆったりして、心身ともにすっきりします。

時間は1分でもいいですし、気持ち良ければ5分から15分ほどでも大丈夫です。休憩をはさんで、再び瞑想をしてもかまいません。

「瞑想をすると、途中で寝てしまうのです」という方がいますが、寝てしまってもまったく問題ありません。睡眠中は心身がリラックスしている状態ですから、寝ている間に満月のパワーをたくさんいただけるのです。

瞑想中に眠くなったら、遠慮することなく寝てしまいましょう。また、ヒーリングミュージックなどの音楽をかけるのも効果的です。

先ほど紹介した満月水を休憩がてら作りながら、瞑想をするのもいいですね。

## 開運アクション③　お財布をパワーアップ

満月のパワーは金運アップに効くとされています。満月が真円を描いていることとや、満月の「満ちる」エネルギーから、満月のパワーは豊かさやお金を引き寄せると言われています。**満月のパワーを水に転写させたのと同じく、お財布にも転写することができます。**

そのお財布を使うと臨時収入や収入アップ、立身出世などが期待できます。

お財布のパワーアップの手順は次のとおりです。

①お財布の中身を全部出す
②お財布の中身をきれいに掃除する
③満月の光をお財布に浴びさせる(5分程度)
④お金に対する感謝の気持ちを表す(お金さんのおかげで幸せです、今月もお金さんきてくれてありがとう、など)
⑤願いごとを伝える(収入アップをお願いします、など)
⑥お財布の中身を元に戻す

最も神聖で最もパワフルな5月の満月、ぜひ開運アクションをしましょう!

## 6月（水無月《みなづき》）――一年の折り返し、太陽エネルギーを味方に！

### 夏至《げし》

夏至は、一年の中で最も日が出ている時間が長い日です。

つまり、**陽のエネルギーが最も強い日**です。


太陽のエネルギーが最も地上にあふれる夏至は、大地の上で草木がわきたち、地球上が生命エネルギーに満ちあふれる日なのです。

日本以外に目を向けても、夏至は非常にスピリチュアルな日とされています。

イギリスの南西部にある、巨石が円環状にならぶストーンヘンジでは、夏至の日に毎年、お祭りが開催されています。

日本では夏至や冬至、春分や秋分の日の入り・日の出を意識して、**神社仏閣が一直線に並んでいます。**これを光の道「レイライン」と呼びます。

夏至の日の入りと冬至の日の出の場所を一直線に結んだ線上に、まるで誰かが計算したかのように、さまざまな神社や聖地が配置されています。

その神社とは、**西から日御碕《ひのみさき》神社（島根県）、出雲大社（島根県）、船通山《せんつうざん》（鳥取県）、石上布都魂《いそのかみふつみたま》神社（岡山県）、伊弉諾《いざなぎ》神宮（兵庫県・淡路島）、日前《ひのくま》神宮・國懸《くにかかす》神宮（和歌山県）、花《はな》の窟《いわや》（三重県）**です。

日御碕神社は聖地・出雲にあり、「日沈宮《ひしずみのみや》」と呼ばれます。まさに、夏至に日が沈む場所の方向に建てられた神社です。

このレイライン上に並んでいる神社は、日本神話における重要な神様や三種の神器などがお祀りされており、スピリチュアルなパワーで満ちあふれています。

夏至におすすめの開運アクションは、次のとおりです。

## 開運アクション①　天照大神《あまてらすおおみかみ》が祀られている神社に行く

天照大神は日本人の総氏神であり、太陽の女神です。

神話では、素戔嗚尊《すさのおのみこと》の横暴ぶりに辟易《へきえき》とした天照大神が天岩戸《あめのいわと》に隠れてしまい、世界は真っ暗になったとされます。その後、神様たちが知恵を絞って、にぎやかな宴会をして、天照大神が天岩戸から出るようにし向けて世界に光が戻ったのは有名な話ですね。

**神様たちがどうしても必要だったエネルギーが、太陽のエネルギーなのです。**

太陽がなければ、生物は死滅してしまいます。私たち人間の生命エネルギーの源とも言えるのが、太陽エネルギーです。この**太陽エネルギーが最大となる夏至の日に、ぜひ、天照大神が祀られている神社を参拝してください。**

一番おすすめなのは、**伊勢神宮**です。伊勢神宮は、一生に一度は行ってほしい神社です。日本の神様の世界で最高峰の場所ですから、その規模もご神気の量も、何もかもがケタ違いなのです。

伊勢神宮の内宮の境内には**瀧原宮**《たきはらのみや》というお宮があります。こちらは瀧の字がついていることから、龍神様がいるとも言われています。私も大好きなお宮です。

また、伊勢神宮の近くにある二見《ふたみ》興玉《おきたま》神社では、夏至の日に夫婦岩《めおといわ》の間から昇る朝日を浴びながら禊《みそぎ》を行う**「夏至祭」**がおこなわれます。このお祭りを見る目的でも、足を運んでみてはいかがでしょうか。

伊勢まで行かなくても、氏神様、産土神《うぶすながみ》様が祀られているようなご近所の神社でも天照大神がお祀りされていることはよくあります。

ご近所の神社に天照大神が祀られていないかを調べて、夏至の日に参拝されるのをおすすめします。

## 開運アクション② 温泉に行く

静岡県にある伊豆山《いずさん》神社には、赤い龍神様と白い龍神様が祀られています。赤い龍神様は火を、白い龍神様は水を表し、二柱の龍神様は「温泉の守り神」として祀られています。龍神様と温泉には深い関係があります。**温泉は血流を良くし、健康促進、病気平癒の効用がある**とされています。

陽のエネルギーが高い夏至の日は6月の下旬です。すでにその年の半分が過ぎています。いそがしい毎日を過ごして、自分をメンテナンスしてこなかった人もいるでしょう。そんな人は温泉に行って、邪気を流し、リラックスすることをおすすめします。

また、温泉に行けない人には**サウナ**もおすすめです。サウナとスピリチュアルは何の関連性もないように思うかもしれません。しかし、温泉と同じく、体内の血流を良くして発汗することは、邪気払いになります。最近ではサウナに行くと「整う」といわれ、愛好者が増えてきています。サウナの熱に耐えられない人は、岩盤浴《がんばんよく》でも大丈夫です。汗を流すことは、体内の流れを良くすることから、龍神様が応援しやすい体となります。ぜひ、温泉やサウナに行ってみてください。

## 開運アクション③　日光を浴びる

神社や温泉に行けないという人も、自宅で夏至の日にとても簡単に開運する方法があります。

夏至は最も太陽エネルギーが活発となる日です。**日光を浴びるだけで、そのパワーを体内に取り込むことができます。**

ただし紫外線が強いため、ＵＶケアをしたうえで、時間を決めて屋外に出るようにしましょう。

散歩やピクニック、公園に行くのもおすすめです。海に行くと、太陽の光が波間に反射して美しいですね。この時期の木々は青々とした高いエネルギーを放って茂っていますので、森林浴もおすすめです。

## 夏《な》越《ごし》の大《おお》祓《はらえ》

夏越の大祓は、その年の中間地点となる6月末に行われる**浄化の儀式**です。大祓とは神道の祭りのひとつで、年に2回行われる大規模なお祓いを指します。年の半ばの夏越の大祓は、6月30日に行われることが一般的です。12月31日に行われる年越《としこし》の大祓《おおはらえ》とともに、非常に重要な行事とされています。

夏越の大祓では、神社で神職が祓いの儀式を執り行い、参拝者の心身の浄化を祈願します。また、参拝者は自分の罪や穢《けが》れを**「人形《ひとがた》」**（形代《かたしろ》）に移し、境内に設けられた**「茅《ち》の輪《わ》」**をくぐるなど、自らも浄化のための行動をとります。

人形は、主に白い紙で作られた小さな紙人形です。自分の名前や年齢を書き入れ、身体を軽くなでて息を吹きかけることで、罪や穢れが紙人形に移るとされています。その後、人形を神社に奉納し、川に流したり、お焚《た》き上げ（お守りや、呪物を焼いて浄化すること）によって罪や穢れが払われます。

夏越の大祓で最も有名なのは「茅の輪くぐり」でしょう。茅の輪は、茅《ちがや》やワラなどを編んで作られた輪状のもので、これをくぐることで邪気や穢れを払い、心身が清められるとされています。神社では、設置された茅の輪を参拝者がくぐる行事が行われ、夏越の大祓の祈願が行われます。

夏越の大祓（6月30日）におすすめの、開運アクションは次のとおりです。

### 開運アクション① 神社に行く

一年に2回しかない貴重な大祓の儀式は、ぜひ神社に参拝して受けていただきたいです。**夏越の大祓が行われているご近所の神社を探して、体験してみましょう。**茅の輪は、神社の参道の中心に置いてあることが多いようです。

茅の輪くぐりの作法は、茅の輪の脇に手順書が置かれていることが一般的です。その作法に従って茅の輪くぐりを行い、邪気を払いましょう。そして、今年の後半も幸せに過ごせるよう祈願しましょう。

茅の輪をくぐるときの代表的な作法は**「水無月の夏越の祓する人は、千歳《ちとせ》の命延《の》ぶというなり」**と唱えながら、左回り↓右回り↓左回りの順で、8の字を描くように3回続けてくぐります。神社によって和歌を唱えない場所もありますので、茅の輪のそばにある手順書に従ってください。

## 開運アクション②　断捨離《だんしゃり》をする

神社に行けない人が自宅でやった方がいい開運アクションは「断捨離」です。春分の日でも紹介しましたが、開運に非常に効果のあるアクションです。

ものが整理整頓されていないと、お部屋には邪気が溜まってしまいます。また、風通しの良い部屋や、水回りがきれいな家には龍神様が訪れやすいです。

ぜひ、龍神様が訪れたくなるようなお部屋を作ってください。「今年半分の邪気を払う！」という気持ちで、お部屋を断捨離しましょう。

断捨離が苦手だ、という人へのアドバイスをします。

断捨離のコツは**「とにかく捨てる」**ことです。一年以上着ていない服、読んでいない本、使っていない食材や調味料、机の中の何に使うかわからないコード、化粧品の試供品などなど。

「とっておけばまた使えるかも」というものも捨てましょう。

断捨離がうまくいく魔法の言葉をお伝えします。

それは**「また買えばいい」**です。捨てた後に必要だと思ったら、また買えばいいのです。「私はそんな裕福じゃないから」と思うかもしれません。でも、よくよく考えてみてください。ごちゃごちゃしたお部屋に住んでいる方が、ストレスや邪気が溜まります。そのストレスを解消するために暴飲暴食をしたり、また余計なものを買い込んだりするものです。

**部屋に物が多いと、お金が減っていく事実**に気づきましょう。

自分の心がワクワクするもの、ときめくもの、好きなものはもちろん取っておきましょう。でも、それ以外のものはどんどん捨てるのです。

ストレスの減少、運気の上昇につながります。そうすればお金も入りやすく、貯まりやすい体質に変わるのです。

断捨離の本質は整理整頓よりも、物を減らすことです。物が多いといくら整理整頓をしても、しばらくすると、お部屋がまたごちゃごちゃしてきます。とにかく「捨てる、捨てる、捨てる」ことです。捨てるときは物に「ありがとう」と言って捨てましょう。いまは必要なくても、過去には必要だった物です。

**「いままでありがとう」と感謝の気持ちを伝えてから捨てることが大切です。**

## 開運アクション③　観葉植物を置く

夏越の大祓は茅《ちがや》やワラなどの植物の力を使って、邪気払いを行う儀式です。神社で茅の輪くぐりができない方は、自宅で**植物の力**を使って邪気払いをしましょう。

**観葉植物は部屋の不要なエネルギーを浄化してくれます。**植物は光が当たることで二酸化炭素を吸収し、酸素を作り出します。観葉植物を部屋に置くと、新鮮な酸素に満ちた空間になります。酸素は私たちが生きていくのに必要不可欠な物質です。新鮮な酸素で部屋が満たされると、それだけ私たちの生命エネルギーも高められます。

アメリカのNASAが観葉植物について行った研究で、植物の種類によっては、人体に害を及ぼす有害物質を吸収する力を持っていることが証明されました。

さらに、**観葉植物には、心拍を安定させる効果やリラックス効果があるうえ、フィトケミカルとよばれる化学物質を放出することでカビやバクテリアを抑制する働きがある**とされています。このように、観葉植物には科学的根拠に基づく浄化パワーが備わっているのです。

NASAの研究によれば、特に空気清浄効果が高いとされている観葉植物が**サンスベリア**です。有害物質を吸収して分解する働きがあるといわれています。また、マイナスイオンを放出する効果や水分を放出して過湿を促す効果、リラクセーションをもたらす効果、目の疲れを軽減する効果もあります。

サンスベリアはアフリカを原産地とする多年草なので、暑さや乾燥に強く、日陰でも管理しやすいため、室内で楽しむ観葉植物として育てやすいです。もちろん、サンスベリア以外でもあなたがピンとくる観葉植物を選んでみてください。

夏越の大祓の日は部屋を断捨離して、観葉植物を置きましょう。時間があれば神社でお祓いを受けてください。**今年下半期の運気上昇は間違いありません！**

# 7月(文月《ふみづき》)――緑色のペンで、星に願いを!

## 七《たな》夕《ばた》

七夕は、毎年7月7日に行われるお祭りです。織姫《おりひめ》と彦星《ひこぼし》という二人の愛し合う星が、年に一度だけ天の川を渡って出会えるという伝説を祝うものです。

そのため、**七夕は恋人たちや夫婦の愛を祝福するとともに、家族や友人との絆を深める大切な行事**とされています。

織姫と彦星の物語は、中国から日本に伝わりました。織姫は、天の川の東の岸に住む天女で天帝の娘であり、機織《はたお》りが得意でした。彦星は、天の川の西の岸に住む牛飼いで、家畜の世話をして暮らしていました。二人は恋に落ちましたが、恋に熱中するあまり仕事を怠ってしまったため、天帝によって引き離されてしまいます。しかし、天帝は悲しみに沈む二人の愛の深さをあわれみ、年に一度だけ7月7日の夜に会うことを許します。

この中国の伝説が日本に伝わり、日本に古くから伝わる棚機津女《たなばたつめ》の伝説とが一緒になったのが七夕の起源とされています。棚機津女は、神様に捧げる衣を水辺の機屋《はたや》で織る女性でした。

日本での七夕のお祝いは、奈良時代から平安時代にかけてはじまりました。もともとは宮廷や貴族の行事でしたが、江戸時代には庶民にも広まり、盛大な祭りが行われるようになりました。現在では、全国各地でさまざまな七夕祭りが開催されており、特に仙台市や平塚市の七夕祭りは有名です。

七夕の主な風習は、**願いごとを書いた短冊《たんざく》を竹や笹《ささ》に飾ることです。**

人々は、短冊に自分の願いごとを書き、家や学校、商店街などに立てた竹や笹に飾ります。また、七夕飾りとして、折り紙や色紙で作った飾りも竹や笹につけられます。これらの飾りは、後に川や海に流されることがありますが、これは願いごとが天に届くことを象徴しています。

七夕の7月7日は奇数のゾロ目の日です。**奇数のゾロ目の日は、非常にエネルギーが高い日**として知られています。**1月1日は元日、3月3日は桃の節句、5月5日は端午《たんご》の節句、9月9日は重陽《ちょうよう》の節句**（200ページ参照）**と、奇数のゾロ目の日は節句やお祭りをする日**にあたり、それだけパワーが強い日なのです。

とりわけ七夕は、彦星がわし座のアルタイル、織姫がこと座のベガというように星座との関連が深い日のため、宇宙からのエネルギーがどんどん降り注ぐ日なのです。

七夕の日におすすめの開運アクションは、次のとおりです。

## 開運アクション　七夕飾りを作る

王道ではありますが、七夕飾りを作りましょう。作り方を紹介します。

## ①7月6日の夕方から準備をする

意外と知られていませんが、七夕のお願いごとは、**前日に書く**ことが作法とされています。

18時を過ぎたら、七夕に向けて準備をしましょう。

②竹や笹を用意する

七夕飾りは竹や笹を使います。古来、竹や笹は邪気払いの効果があるとされてきました。また、竹や笹は天に向かってまっすぐにすくすくと成長することから、短冊に込められた願いを「まっすぐに」叶えてくれる効果があります。

③銀色の短冊を用意する

銀色の短冊に書くことで、銀龍《ぎんりゅうじん》神様のお力を借りることができます。銀龍神様は願いを叶えるのが得意な龍神様です。また、銀色は願いごとを叶える力があると言われています。短冊は銀色がベストです。もちろん用意できない場合は、他の色でも大丈夫です。

④白い服を着る

七夕の願いごとは、白い服を着て書くと願いが叶いやすいとされています。

## ⑤緑色のペンで願いごとを書く

緑色のペンでお願いごとを書く。これはSHINGO流だと思ってください。

もちろん、黒いペンでもかまいません。

緑色のペンをおすすめするのは、私が緑色のペンで書いたお願いごとが、すべて叶ったからです。14年間のサラリーマン生活をうつ病のため退職した私は、お金もまったくなく、絶望の淵《ふち》に沈んでいました。しかし、せっかくサラリーマンを辞めたのだからと、自分の考えうる限りの最高の未来をノートに書き出したのです。私はノートに緑色のペンで次のように書きました。

パワーブロガーになりました。

ベストセラー作家になりました。

セミナーは即時満席です。

個人セッションは予約が取れません。

僕の書く文章で、話す言葉で

多くの人が勇気づけられ
癒され、幸せになりました。
喜びと感謝が空気中に満ちあふれ
それを味わいながら生きています。

当時は「絶対こんなの叶いっこない！」と否定する思いを抱えながらも、自分の理想の人生を思い描いて、ただ一生懸命に書きました。

するとその3年後、見事にすべてが叶いました。

寸分の違いなく、全部が見事に叶ったのです！　3年後にこのノートを見返したとき、すべてが叶っていて自分でもびっくりしました。

この私の経験から、**緑色のペンにはパワーがある**と確信しました。

私は叶えたい夢をノートに書くことをおすすめしていますが、七夕の短冊に限らず、夢は緑色のペンで書くことをおすすめします。

# 8月（葉月《はづき》）――龍神様と一緒に、ご先祖様に感謝！

## 龍の日（ドラゴンズゲート）

8月8日は龍の日です。**8は龍の数字**であり、8のゾロ目の日なので龍の日だと、私が提唱しています（そのため暦やカレンダーには記載がありません）。

8月8日は**ライオンズゲートが最も広く開く日**、とも言われています。

**「ライオンズゲート」**とは、**「目に見えないエネルギーの入り口」**を意味します。

ライオンズゲートは毎年7月26日頃から徐々に開きはじめ、8月8日にピークを迎え、その後8月12日頃にかけて閉じていくといわれています。

ライオンズゲートが最も開く8月8日は、占星術で太陽が獅子《しし》座のど真ん中に位置する日です。**獅子座（＝ライオン）の強いパワーと太陽のエネルギーが重なることで、地球上に高次元のエネルギーが降り注ぐ**と考えられています。

私はこのパワフルな日を、龍神様のパワフルさになぞらえて、**「ドラゴンズゲートの開く日」**と呼んでいます。私は毎年、8月8日はある神社を参拝しますが、その場所に立つと、**宇宙からのエネルギーがバンバン降りてくる**のを感じます。まさに、龍のごとくエネルギーが上昇する日だと言っていいでしょう。

ドラゴンズゲートが開くと、ふだんは閉じていてなかなか届かない宇宙のエネルギーが、地球上へと降り注ぐようになります。そのため、ドラゴンズゲートが開いている期間は、地球上に力強いエネルギーが充満し、私たち一人ひとりに十分なエネルギーが届くとされているのです。宇宙のエネルギーをうまくキャッチできる人にとっては、**ポジティブなパワーを感じる時期**となるでしょう。また、**願望が実現しやすいタイミング**でもあります。

しかし、中にはエネルギーの強さから体調を崩してしまう人もいるようです。

8月8日の龍の日におすすめの開運アクションは、次のとおりです。

## 開運アクション①　龍神様からのエネルギーを受け取る

宇宙から龍神様のエネルギーがふんだんに降り注ぐ8月8日、そのエネルギーを余すところなく受け取りたいところです。

とはいえ、「龍神様からのエネルギーって、どうやって受け取るの？」と疑問に思う人もいるでしょう。その手順を紹介しますので、参考にしてください。

①ゆったりと、くつろげる場所を選ぶ
②椅子に腰かける、もしくは地面にあぐらをかいて座る
③両手の掌《てのひら》を上に向けて、ひざの上に置く
④ゆっくり深呼吸をして心を整える
⑤心の中で「受け取ります」とつぶやく
⑥体の感覚や、心の感覚に意識を向ける

## ⑦ 1分から5分ほどエネルギーを感じたら終了する

暖かな感じ、ビリビリとした感じ、穏やかな感じなど、ふだんとは異なる感覚をキャッチしたら、それが龍神様のエネルギーです。

1分から5分としましたが、もちろんもっと長い時間、感じていたい人は20分でも1時間でも問題ありません。ただ、あまりにも長時間だと、エネルギーの強さで体調を崩す可能性がありますから、休憩をはさみながら行いましょう。

また、たった1分だけ行った人でも、だるさや重さを感じる場合があります。この日のエネルギーは非常に強力なため、体に違和感が生じることがあるのです。ただ、これは**「好転反応」**と呼ばれるもので、心配はありません。

浄化が起こるとき、体内の不要なエネルギーが外に出てきます。そのせいで不調を感じることがあります。

ですが、安心してください。しばらくすると不調は回復し、エネルギーを受け取る前よりも、スッキリと体が軽くなり、運気も人生も好転していきます。

好転する前のちょっとした違和感が「好転反応」と呼ばれるのはこのためです。エネルギーを受け取った後は、その直後だけではなく、時間軸を少し長めにとって、ご自身の体調を観察してみてくださいね。

## 開運アクション②　エア参拝を行う

「エア参拝」とは、神社参拝の一種です。実際に現地の神社に参拝するのではなく、**自宅にいながらにして参拝をする方法**です。

8月8日は龍神様のエネルギーが天からたくさん降り注ぐ日ですから、神社やパワースポットに行くことをおすすめします。ですが、同時に8月8日は真夏の時期ですので、体調面を考慮すると、神社に行くのが難しい方も多いでしょう。

特にエネルギーが高い神社は、山奥や人里離れた場所にあるので、長距離の徒歩での移動は、脱水症状や熱中症のリスクと隣り合わせです。

そこでおすすめなのが「エア参拝」です。

「エア参拝」の手順を紹介しますので、参考にしてくださいね。

① 参拝したい神社のウェブサイトを開く

②本殿や拝殿がうつった写真を見つける
③その写真に向けて「二拝二拍手一拝」の作法でお参りをする
④神様にお願いごとを伝える
⑤「いつかお参りさせていただきます。ありがとうございます」とお礼を言って終了する

もちろん、実際に参拝することが最善ですが、こうした方法でも、神様や龍神様へのあなたの気持ちはきちんと伝わります。

自宅に神棚があれば、神社に行けない事情のある人でも、いつでも神様に感謝を伝えることができます。この自宅の神棚を、いわば現代版にしたものがウェブサイトを利用した「エア参拝」なのです。

また、8月8日はエネルギーが高い日なので、ヒーラーやスピリチュアリストが**「代理参拝」**を行っているケースもあります。「代理参拝」とは、あなたが現地の神社に行かずとも、あなたの代わりにヒーラーが代理人となって参拝してく

れる方法です。

なかなか行けないパワースポットに、あなたの代わりにヒーラーが参拝をしてお願いごとをしてくれる。さらには、その地のエネルギーを遠隔で届けてくれるのです。エア参拝と合わせて、代理参拝を利用するのもおすすめです。

## 開運アクション③ お守りを購入する

8月8日に神社に参拝できる人は、ぜひお守りを購入してください。

お守りは**「よりしろ」**となるものです。「よりしろ」とは、古代の日本人が大切にしてきた価値観のひとつです。

昔の日本人は、神様や龍神様は岩や木に**「寄りつく」**と考えていました。そのため、岩や木を御神体として崇《あが》めてきたのです。その後、日本人は神様が寄りつく岩や木のそばに、雨風を凌《しの》ぐための建物を作ります。それがゆくゆく、私たちになじみがある「神社」となるのです。

神社に御神体として岩をお祀りしていたり、ご神木が境内の中にあったりするのは、この「よりしろ」信仰が起源となっています。

お守りは持ち運びができますね。持ち運びできるものを、英語で「ポータブル」と表現します。お守りはさしずめ**「ポータブル神社」**といえるでしょう。お守りには龍神様が寄りつき、さらにはそのお守りを毎日持ち歩くことができます。

おすすめのお守りは、**千葉県・安房《あわ》神社のお守り**です。

安房神社は**日本三大金運神社のひとつ**と言われています。安房神社のお守りは4種類のさまざまな色の龍神様のお守りがあり、海沿いの神社であることから、波の模様が力強いお守りです。

また、**東京・田無《たなし》神社ではさまざまな龍神御守りを購入できます**。ぜひ、田無神社にも足を延ばしてください。

もちろん、ご近所の神社に置いてあるお守りでも問題ありません。もし、金運お守りがあったら、**8月8日は金運が最高潮にアップする日**なので、金運お守りをお求めになるのがいいでしょう。

## お盆《ぼん》と盆《ぼん》踊《おど》り

盆踊りは、日本の伝統的な夏のお祭りです。先祖の霊を迎える「お盆」の時期に行われます。お盆は、地域により7月の新盆と8月の旧盆に大きく分かれ、全国的には8月13日から16日までの旧盆が多く見られます。

お盆には、**先祖の霊を家に迎え入れ、供養《くよう》する**という風習があります。

盆踊りは、この期間に地域の神社や仏閣、または地域の広場で開催され、参加者たちが輪になって踊ります。

盆踊りは先祖の霊を慰《なぐさ》め、供養する目的があります。踊りや音楽を通じて参加者は先祖たちとのつながりを感じ、敬意を表してその霊を慰めることができます。

お盆におすすめの開運アクションは、次のとおりです。

## 開運アクション①　ご先祖様に感謝する

お盆はご先祖様に感謝をしましょう。ご先祖様はあなたのことを天界から見守っています。**ご先祖様は、あなたのことがかわいくて仕方がないのです。**

例えば、あなたに孫がいたとしましょう。孫はあまりにもかわいくて「目に入れても痛くない」と言われるほどですね。ご先祖様から見たらあなたは、いわば孫の孫のそのまた孫です。孫でもかわいいのですから、ご先祖様の孫の孫の孫であるあなたは、ご先祖様からしたらとんでもなくかわいい存在です。

あなたは気がついていないかもしれませんが、**あなたはご先祖様からたくさん愛されているのです。**この愛に気がついていますか？　お盆はこのご先祖様からの深い深い愛に感謝をしましょう。

ところで、あなたのご先祖様って何人いるかご存じですか？　あなたには両親がいて、両親にはその両親がいて、そのまた両親がいて……とご先祖様の数は世代を遡《さかのぼ》るとともに、倍々に増えていきます。

実際に40世代前に遡ると、私たちのご先祖様はなんと1兆9００億人にもなるそうです！　とんでもない人数ですね!!　しかも、そのご先祖様一人ひとりが、あなたのことを孫のようにかわいいと感じているのです。

あなたが、あなたの孫や生まれたての赤ちゃんに注ぐようなやさしい愛の眼差しが、1兆を超える数のご先祖様たちによって、あなたに降り注いでいるのです。

この大量の愛、無償の愛に気がついていますか？　あなたはひとりではないことに気づいていますか？　お盆の日には、あなたに向けられている、目に見えない世界からのあふれるような愛のエネルギーを受け取ってください。

そして、**「いつもありがとうございます」**と感謝の言葉を伝えましょう。

ところで、お墓は不吉なものではなく、「あちらの世界」との交流に必要なものです。スマートフォンが登場する以前の携帯電話には、本体から引っ張って伸ばすアンテナがついていました。あのアンテナがあるから、他の携帯電話と通話ができました。**お墓の墓石は、あの世と交信するアンテナ**のようなものです。

とりわけ、お盆はご先祖様が「こちらの世界」にやってきてくれるため、ご先祖様との通信状況が良好なのです。ぜひお墓参りをして、1兆人以上いるご先祖様たちに感謝を伝えてください。

## 開運アクション②　盆踊りに参加する

盆踊りの音楽や踊りには、独特のリズムやパターンがあり、それらが繰り返されることで、参加者は自然とトランス状態に入りやすくなります。

このトランス状態によって、人々は日常のストレスや悩みから解放され、精神的な癒しや浄化を受けることができるとされています。

また、古代の祭祀《さいし》では、太鼓の音や鈴の音でトランス状態になったシャーマンや巫女《みこ》たちが、神様の声を聞いていたと伝えられています。**音楽に乗せて、踊る**

**ことは神とつながることなのです。**盆踊りの輪の中に入るのが恥ずかしい人は、輪の外から太鼓のリズムに合わせて軽く体を揺らす程度でも大丈夫です。

その場にいることが大切なのです。

## 開運アクション③　音楽をかけて踊る

近所で盆踊りがないという人は、自宅で音楽を聴くのがおすすめです。

お盆はヒーリングミュージックのような静かな内側に入る音楽ではなく、どちらかといえば**ノリの良いダンスミュージックやポップス、ロック、アニメソングなどのアップテンポの発散系の音楽が向いています。**

夏場は暑いため、疲労と邪気が溜まりやすい時期です。音楽の力を借りて、エネルギーを上昇させましょう。体と心はつながっており、体が動けば心が動くのです。悩みがちの人は、体を動かしていないことが原因のひとつかもしれません。元気になるためには、体を動かすことが大切です。

じつは龍神様も音楽が大好きなのです。これは私の体験ですが、車で移動中、ノリの良いダンスミュージックをかけていたところ、私の守護龍たちが笑顔で踊っているのを見たことがあります。

にわかには信じられない話かもしれませんが、**龍神様はノリの良い音楽が大好きです。**盆踊りの箇所でも説明しましたが、古来、神様は人とつながるときに、音楽や踊りを必要としました。神社での正式参拝の際には、太鼓の音が響き、宮司によって祝詞《のりと》が奏上され、巫女が舞を披露します。

こうした儀式には音楽や踊りが欠かせないのです。**音を使うことは神とつながる行為です。**音楽を聴いた龍神様がノリノリになっていたのも、納得ですね。

音楽の力を借りて、体と心を解放して、夏場を乗り切りましょう。

ただし、水分を取るのは忘れないでください。勇気のある人は、ミュージックバーやクラブやディスコに行くこともおすすめします。

# 9月（長月《ながつき》）――金運が、ぐんぐんアップするチャンス！

## 重陽《ちょうよう》の節句

「重陽の節句」は平安時代の初めに中国より伝わりました。

七夕の項目でお伝えしたとおり、**奇数のゾロ目は縁起の良い日**です。

古来、中国では奇数は縁起が良い「陽数」、偶数は縁起の悪い「陰数」と考えられ、**陽数の最大値である「9」**が重なる9月9日を「重陽」と呼び、節句のひとつとしました。

9月9日は「くく」となることから、この日に「菊《きく》」を愛でる習慣があり、菊の節句としても知られています。**菊には邪気を払い長寿の効能があると**信じられていました。重陽の節句では、菊の香りを移した**「菊酒」**を飲んで邪気を払い無《む》病息災《びょうそくさい》や長寿を願います。

重陽の節句は宮中行事のひとつとなり、菊を眺める宴「観菊《かんぎく》の宴《えん》」が開催され、菊を用いた厄払いなどが行われました。時代が下るにつれて菊の風習は庶民の間でも広がり、江戸時代には五節句のひとつとして親しまれる行事になりました。

また、菊の花が黄色なので、金運アップのご利益があるとも考えられました。

昔のお金持ちはこの日に財布を買い替えたり、新しい事業を起こしたりしたと言われています。重陽の節句におすすめの開運アクションは、次のとおりです。

## 開運アクション① お財布を買い替える

重陽の節句は、陽数の最大値「9」が重なる開運日です。

昔のお金持ちたちがしたように、この日はぜひ、**お財布を買い替えてください。**

第2章の天赦日でもお伝えしましたが、**お財布の色は金色がおすすめです。**金色は金運アップにつながらないという説を述べる人もいますが、私の経験上、金色のお財布が最も金運を向上させてくれます。「金《きん》」が「金《かね》」に通じるのは間違いなく、金色の財布はお金を引き寄せる力を持っているのです。

また、金色が持つエネルギーは金龍のエネルギーを呼び寄せます。**金龍は発展、上昇のパワーが強い龍神様です。**金色のお財布を使うことで、あなたの人生もキラキラと輝きはじめることでしょう。**お財布のサイズは長財布でも、小さい財布でも大丈夫です。**

少し前まで、金運アップにつながる財布はお札が折れないよう、長財布をすすめる人が多かったようです。しかし近年、海外の大富豪やセレブたちはこぞって小さな財布を使っています。必ずしも長財布が絶対的な条件ではないのです。

さて、お財布の中に入れるのは、お金に関するものだけに絞りましょう。**お金、クレジットカード、キャッシュカード**だけにします。レシートやポイントカードなどは、財布以外にカード入れを用意して、そちらに入れましょう。

私も金色のお財布を使いはじめてから、明らかに金運がぐんぐん上昇していま す。私の周りの人も全員、金色の財布を使っていますが、こぞって金運アップを経験しています。9月9日にぜひ、金色のお財布に買い替えてくださいね。

## 開運アクション②　新しいことをはじめる

昔のお金持ちは、9月9日に新規の会社や事業を立ち上げたそうです。

9月9日には、何かしら**「新しいこと」**をはじめるのをおすすめします。

具体的には、新しい趣味や勉強などをはじめてみましょう。趣味の分野なら、例えばゴルフやテニスなどのスポーツ、またはギターやピアノなどの楽器でもいいでしょう。「学生のころは熱中していたけど、最近やってないなあ……」という趣味を再びスタートさせる日としても最適です。いままで気になっていたけど、着手するのをためらっていたことにぜひチャレンジしてください！

また、いま取り組んでいるお仕事の中で、新規プロジェクトの立ち上げ、新商品の発売を開始するのもこの日がピッタリです。主婦や主夫の方であれば、新しい家電やインテリアを買い替える日にするのもおすすめです。会社を起業する人は、9月9日に設立することを強くおすすめします。

私は会社を3社、経営しています。そのうちの2社の会社設立日を9月9日にしました。途中、新型コロナウイルス禍があったにもかかわらず、2社とも増収増益を続けています。9月9日に会社を設立して本当に良かったと、心から感じています。

## 開運アクション③ 黄色いものを身につける

重陽の節句は菊の節句と呼ばれています。

この日に菊の花の色と同じ、黄色いものを身につけると運気がぐんぐん上昇します。寅の日でもお伝えしましたが、黄色は金運アップをもたらす色です。

例えば、衣服なら黄色いワンピースやブラウス、スカートなどを選ぶ、小物なら黄色のバッグやポーチなどにするのです。黄色の帽子をかぶる、あるいはアクセサリーなら黄色のネックレスを身につけても効果があります。靴下や下着など外から見えない箇所でも大丈夫です。

金運をより大きくアップさせたいなら、**「動きがある服」**を取り入れましょう。お金は世の中を巡り巡って循環するものです。つまり、常に動く性質を帯びているので、着ている服に動きがあると金運がますますアップします。

具体的にはフリルがついているもの、布地が何枚も重なっていてひらひらと動きのあるものを着てみましょう。

## 秋分《しゅうぶん》の日

秋分の日は、日本の文化と伝統に深く根ざした祝日のひとつです。

秋分の日は、春分の日と同様に昼と夜の長さがほぼ等しくなる日です。

秋分の日は、太陽が真東から昇って真西へと沈みます。古来、**「あちらの世界」と「こちらの世界」が近づく日**とされてきました。通常、9月22日か23日に設定されていますが、年によってずれることもあります。


秋分の日には、自然界のエネルギーが特別に強まるとされています。

ご先祖様を敬い、家族や親戚とのつながりを大切にする日です。この日には、多くの家族がお墓参りを行い、故人の霊を慰めるためにお供え物を捧げます。

また、神社や寺院では、お祭りや特別な儀式が行われて、人々が自然やご先祖様に感謝し、豊かな収穫を祈願します。

春分の日と同じく秋分の日も古来、「スピリチュアルな日」として認識されてきました。当日の日の入りの場所と、日の出の場所を一直線につなぐと、その直線上にパワースポットがまるで計算されたかのように並んでいます。

夏至の項目でも紹介しましたが（166ページ参照）、このような一直線の線を「**レイライン**」と呼びます。**東から玉前《たまさき》神社（千葉県）、寒川《さむかわ》神社（神奈川県）、富士山の山頂（静岡県・山梨県）、七面山《しちめんさん》（山梨県）、竹生島《ちくぶしま》（滋賀県）、元伊勢籠神《もといせこのじん》社《じゃ》（京都）、大山《だいせん》（鳥取）、出雲大社（島根）が並んでいます。**

このレイラインは別名、「**ご来光《らいこう》の道**」とも呼ばれています。春分の日と秋分の日の太陽の軌跡《きせき》は、このレイラインの上を通ります。太陽の通り道に、ぴったりと聖地が並ぶなんてとてもミステリアスですよね。

この秋分の日は「**スターゲートが開く日**」とされ、春分や8月8日の龍の日と同様、宇宙からのエネルギーがふんだんに降り注ぎます。

このようにスピリチュアルなパワーあふれる秋分の日におすすめの開運アクションは、次のとおりです。

## 開運アクション① 塩風呂に入る

秋分の日は宇宙からのパワーがいつもに増して降り注ぎますので、体内のエネルギーを整えて一日を過ごしましょう。エネルギーを整えるのにおすすめなのは**塩風呂**です。古来、塩には浄化の作用があるとされており、ご神事のときにも使われてきました。

龍は水の神様です。**お風呂にも龍が宿りますので、お風呂に入る習慣**をつけると龍のご利益を受けやすくなります。

**お塩をスプーン（大さじ）2杯ほど入れてから、お風呂に入ります。**できれば、神社からもらったお塩、もしくは天然塩が好ましいでしょう。最近ではさまざまな香りのバスソルトが販売されています。バスソルトでも問題ありません。30分以上、汗がたくさん出るまでつかりましょう。

お風呂に入りながら、お気に入りの音楽を聴くのもおすすめです。また、お風呂の電気を暗くすると、さらなるリラックス効果が期待できます。

## 開運アクション② ハグ・マイセルフ(自分を抱きしめる)をする

「ハグ・マイセルフ」とは英語で「Hug Myself」と書き、「自分自身を抱きしめる(ハグする)」という意味です。自身の右手を左肩に、左手を右肩に添えて、自分自身を抱きしめる姿勢を取ります。そして、自分自身に**「今日も一日おつかれさま。ありがとう。愛しているよ」**と伝えます。

ハグ・マイセルフは、私が龍神様から教わった最高の浄化術です。龍神様は教えてくれました。**「自分を愛するということは、龍と同じことをすること」**。

龍は人間を無条件に愛しています。龍は人間のことを、まるでかわいい赤ちゃんを見るかのように見守っているのです。

人が自分自身を愛すると、その人は龍と同じことをしているのです。**「龍と同じことをする」のは、「龍と波動が合う」ことにほかなりません。**

龍と波動が合えば、龍からのパワーを受けやすくなります。ハグ・マイセルフは邪気を浄化すると同時に、龍とつながりやすくなる魔法なのです。

ハグ・マイセルフをすると涙が出る人もいますし、体がポカポカしてくる人もいます。ハグ・マイセルフは、**特に自己否定のクセがある人に非常に効果があります。**自分自身を許せない、どうしても自分を責めてしまう人は、秋分の日に限らず、毎日10回以上、1カ月ほど継続すれば自己否定のクセはどんどん治っていきます。これを3カ月間継続できれば、自己否定のクセはほぼ治ります。

私はすべての本でこの「ハグ・マイセルフ」を提唱しています。しかし残念ながら、なかなか実践してくれる人がいません。

やれば**100パーセント人生が変わるアクション**のひとつです。ぜひやってみてください。あなたの幸福度は爆上がりします!

## 開運アクション③　パワーストーンを置く・身につける

宇宙のパワーが降り注ぐ秋分の日は、パワーストーンをご自宅に置いたり、パワーストーンブレスレットを身につけたりすることも非常に効果的です。

太古から、**石には宇宙や神様、龍神様のエネルギーが宿る**とされてきました。

パワーストーンは身につけているだけで、持ち主の心や体を浄化し、あらゆるネガティブなものからの影響をはねのけてくれるのです。

パワーストーンブレスレットをつけるなら、やはり**クリスタルがおすすめ**です。クリスタルと他の石とを組み合わせてもいいですし、すべての石がクリスタルのブレスレットでももちろん大丈夫です。パワーストーンには種類ごとにそれぞれの意味があるので、直感で自分がピンとくるものを選ぶのが一番です。

こうしたクリスタルをはじめとするパワーストーンは、人間が生まれる前から何年もかけて結晶化しているので、**「古代の叡智《えいち》の象徴《しょうちょう》」**と言われています。

一方で、龍もまた人間が生まれるはるか前から存在し、この宇宙の創造に関わり、司ってきた「古代の叡智の象徴」と言われています。つまりパワーストーンと龍は、どちらも「古代の叡智の象徴」という共通項があるため、そもそも相性がいいのです。

秋分の日にパワーストーンの力を借りて、開運してしまいましょう！

# 10月（神無月《かんなづき》）――人生を変える縁結びを、龍神様にお願い！

## 神無月

10月は旧暦で神無月と呼ばれています。「かみなづき」「かむなづき」とも言います。「神様が無い月」ですので、全国津々浦々の神社の神様たちが、ある神社に集まります。その神社とは**出雲大社**です。出雲では神無月ではなく、神様がいるので**「神在月《かみありづき》」**と呼ばれています。

ただし、最近では「神無月」の「無《な》」の意味は「の」であるので、「神様が無い月」ではなく「神様の月」だというのが通説となっています。したがって神無月とは、各地域の神社から神様がまったくいなくなる月というより、**「人が神様**

**に心を寄せる月」**という解釈ができるのです。

出雲大社に集まった神様たちは、人々の運命や縁（誰と誰を結婚させるか）などを話し合います。こうしたことから、出雲大社は**縁結びのご利益**があるのです。

ちなみに、出雲大社のご祭神は大国主大神《おおくにぬしのおおかみ》（オオクニヌシ）ですが、若いころはオオナムチという名前でした。この**「ナムチ」という言葉は「龍神」を指しています。**オオナムチ＝オオクニヌシは龍神であるので、日本各地の神様は出雲大社の龍神様のもとに集っているとも考えられます。

また、日本各地の神様は海からやってきて、出雲大社近くの稲佐《いなさ》の浜から上陸します。**その先導役を務める神様は、龍神（龍蛇神《りゅうだしん》）とされています。**

このように、神無月も龍神様と非常に関係が深いことがわかります。

神無月におすすめの開運アクションは、次のとおりです。

## 開運アクション①　良縁をお願いする

出会いとはご縁がつないでくれるものです。恋愛に限らず、友人やビジネスパートナー、相手が人ではなく物や出来事との出会いも、すべてご縁がつないでくれるのです。冒頭でお伝えしましたが、この本とあなたの出会いもご縁です。

とりわけ、**あなたは龍とのご縁がある**ようです。

神無月は、出雲大社で神様たちがご縁について会議をしています。あなたのお願いを出雲大社にいる神様たちに伝える絶好のチャンスです。**「出雲にいる神様、ぜひ、私にぴったりの相手とのご縁をお願いします」**とお願いしましょう。

あなたのいる場所から、出雲の方向に手を合わせるといいでしょう。関東に住んでいれば西を向く、九州に住んでいれば北東を向く、といった具合です。

すると、龍神様も縁結びであなたを助けてくれます。あなたにとって必要で、ぴったりの人と出会わせてくれます。龍神様の世界には**「龍神人財バンク」**があるそうです。「人財バンク」とは、優秀な人材をたくさん集めた場所、という意味です。龍神様は一人ひとりの特性を把握しながら人材を集めて、必要なときに、必要な人をあなたの元に送り届けてくれるのです。龍神様にも、**「ぜひ、私にぴったりの相手とのご縁をお願いします」**とお願いしましょう。

**人生を変えるのは「人との出会い」です。**

あなたの人生が大きく変化したとき、決まって重要な誰かとの出会いがあったはずです。お金も仕事も恋愛も家庭も、そして幸せも出会う人で決まります。人生を大きく飛躍させるために、神様・龍神様にすばらしいご縁をお願いしましょう。

## 開運アクション② 神社に行って、掃除をする

神無月には神社の神様たちは、出雲大社にお出かけして留守かもしれません。しかし、留守番をされている神様もいるかもしれませんし、神無月は「神様の

月」でもあることから、やはり神社参拝は欠かせません。

10月に神社に行ったら、あなたにしてほしいことがあります。

**神様への感謝を伝えるためにも、神社のお掃除をしてください。**もちろん、神社には神職さんたちがいるので、断りもなく大規模な掃除をするのはやめましょう。かえってご迷惑になります。掃除といっても大袈裟《おおげさ》なものではありません。

例えば、境内に落ちていたゴミを拾う、汚れている場所があったらハンカチやティッシュなどで拭き取って差し上げる。そのような掃除で十分です。

あなたが神社をきれいに掃除したら、神様が出雲大社から帰ってきたときによろこんでくださると思いませんか？　神様は「ああ、留守の間にきれいにしてくれたんだな」とあなたのことを好きになるでしょう。もちろん、「お願いごとを叶えてもらうために掃除をする」と見返りを求める態度はひかえてください。

**「いつもありがとうございます。神様、出雲大社で楽しんでくださいね。大好きです。愛しています」**という気持ちで、掃除をしましょう。

神様もニッコリ笑顔で、あなたのことを見てくれるでしょう！

# 11月（霜月《しもつき》）——何をやっても、うまくいく！

## 超イイ日（11月11日）

数秘術《すうひじゅつ》という、数字を使った占いがあります。それぞれ特別な意味がある数字を使って、物事の本質や人の性格・運命を解明したり、予言したりします。

数秘術のベースは、数は万物を支配する原理であり、宇宙のすべては数によって秩序化されているというピタゴラスの哲学や、ユダヤ教の神秘思想といわれるカバラの観点からの聖書解釈にあるとも言われています。

**数秘術で1は新しい出発を意味し、創造性に富んだ数字です。その1が重なった〝11〟は、さらに強力なエネルギーを持ちます。〝11〟はマスターナンバーと**

**呼ばれ、すべての数の中で最もパワフルな数字です。**

11月11日は11が2つ重なる日です。「重陽の節句」は、縁起の良い奇数（陽数）の9が2つ重なる日でした。その流れでいうと、9より大きい奇数の11（イイ）が重なる11月11日は**「重イイの節句」**です。「重」は「超」に通じますから、言い換えると11月11日は**「超《ちょう》イイ日」**です。「1」ははじまりとともに、物事が成就する数字です。

この1が4つ並んだ11月11日は、一年の中で最も力強いパワーに満ちあふれ、創造性に富んだ「超イイ日」なのです。もちろん、「超イイ日」は私が勝手に名づけたものなので、暦やカレンダーに表記がありませんのであしからず。

11月11日におすすめの開運アクションは、次のとおりです。

## 開運アクション① 11月11日11時11分のスクショを撮る

龍の日の4月4日4時44分と同様、11月11日11時11分を見逃すわけにはいきません。一年で一番多く、同じ数字が並ぶまたとない時間です。**これだけ1が並ぶと、それだけで強烈なパワーを感じます。**11時00分にスマホのアラームを設定しておいて、11時11分を見逃さないようにしましょう。

**龍の日と同じく、スクリーンショット画像をスマホに保存しておくだけで運気が上昇します。待受画像にするのもおすすめです。**あなたのスマートフォンは、持っているだけでパワフルなお守りになります。

11時は多くの人たちがお仕事などで活動している時間帯なので、比較的スクショしやすいと思います。ただ活動時間だけに「うっかりしてたら、過ぎてしまった!」ということがないように気をつけてください。

## 開運アクション② 自分軸を立てる

数字の1には縦のエネルギーがあります。天と地をつなぐ一本の御柱《おんばしら》のような力強い縦のエネルギーです。この日は、自分軸を立てるにはうってつけです。

「自分軸」とは「他人軸」と対比して使う言葉です。まず「他人軸」とは、「価値観が他人を中心（軸）にしている状態」のことを指します。

「他人軸」の人は、例えば人の顔色をうかがいすぎる、自分の意見がない、誰かの許可がないと行動できないなど、他人に依存している状態です。

一方、「自分軸」はこの反対で、**「価値観が自分を中心（軸）にしている状態」**です。人の顔色より自分の気持ちを大切にする、自分の意見をしっかりと持っている、誰かの許可がなくても行動できるなど、自立した状態です。

「自分軸を立てる」とは、「自分勝手になる」ことではありません。他人と協調をしながら、それでいて自分の人生をしっかりと自分で作り上げる姿勢のことです。自分軸が立っている人は、他人にも優しい人が多いです。それは「他人と良い関係でいる」ことを、自分で判断しているからですね。

一方で他人軸の人は、他人に対して冷たかったり、グチを言ったりします。「他人軸」では他人に依存しているため、自分が他人のせいで被害者になっているように感じてしまうのです。

勘違いしていただきたくないのは、「他人軸」とは「状態」のことであり、「性格」ではありません。「状態」ですので、日によって変動したりします。

つまり、「自分軸」が立っている日もあれば、「他人軸」寄りの日もあるのです。「自分軸」が立っているように見える人も、日によっては「他人軸」になることもあり、「他人軸」寄りの人も、日によっては「自分軸」がしっかり立つことがあります。

あくまで「状態」なので変動します。「性格」のように不変ではありません。

つまり、**誰もが自分軸をしっかり立てて、自立した生き方ができる**のです。

11月11日は自分軸を立てるにはうってつけの日。

ぜひ、自分軸を立ててください。自分軸を立てるためのワークを紹介します。

① ゆったりと、くつろげる場所を選ぶ
② 椅子に腰かける、もしくは地面にあぐらをかいて座る
③ 両手の掌を上に向けて、ひざの上に置く
④ ゆっくり深呼吸をして心を整える
⑤ 頭のてっぺんから腰まで、体内に1本の筒があることをイメージする
⑥ 宇宙から、金色のエネルギーが頭のてっぺんに降りてくるのをイメージする
⑦ そのエネルギーを筒の中に入れる
⑧ 地面から、金色のエネルギーが腰に向けて突き上げてくるのをイメージする
⑨ そのエネルギーを筒の中に入れる
⑩ 天(宇宙)と地のエネルギーを筒に入れることで、筒がどんどん大きくなることを感じる
⑪ 体の中心に、金色で太い大きな柱があることを感じる
⑫ この柱を1分から5分ほど感じ、自分の体内に定着するのを感じる
⑬ どしっとした金色のエネルギーの柱が体内に完成したと思ったら終了する

## 開運アクション③　何をやっても、超イイことが起こる

**「11月11日は何をやっても、超イイことがある！」**と思ってください。

実際、この日は何をやっても超イイことが起こります。神社に行ったら、超イイことが起こります。お寺に行ったら、超イイことが起こります。新しい洋服を買ったら、超イイことが起こります。友達とお茶したら、超イイことが起こります。お部屋を掃除したら、超イイことが起こります。昼寝をしたら、超イイことが起こります。宝くじを買ったら、超イイことが起こります。

何をやってもやらなくても、超イイことが起こる。そう考えてください。

**とりわけ新しいことをはじめると、超イイことが起こります。**

他の開運日、例えば9月9日の重陽の節句でももちろんいいのですが、日にちを選べるのなら11月11日に新しいことをはじめましょう。

**なんといっても、超イイ日なのですから、この日にはじめると絶対に超イイことが起こりますよ！**

子どもだましのように思うかもしれません。しかし、子どものように明るく無邪気な気持ちでスタートすると、実際にうまくいくから不思議です。

自分軸を立てたら、自分のやりたいことをスタートしましょう！

# 12月（師走《しわす》）——一年の締めくくり、龍神様に感謝！

## 冬至《とうじ》

冬至は一年の中で夜の時間が最も長く、昼の時間が最も短い日です。夜が最も長いことから**「陰が極まる日」**とされていて、この日から陽に転じることから、**エネルギーの大転換の日**とされています。

中国や日本では、冬至は太陽の力が一番弱まる日とされています。そしてこの日を境に、再び太陽の力が甦《よみがえ》ってくることから、陰が極まり再び陽にかえる日という意味の**「一陽来復《いちようらいふく》」**という言葉が生まれました。冬至を境に、幸運が向いてくるとされています。

つまり、**冬至は上昇運に転じる大切な日**なのです！

冬至にはある種の「締め切り」の役目があります。その日までにエネルギーを整えておかないと、来年以降も課題を持ち越してしまうおそれがあります。

たとえるならば、夏休みの最終日のような役割です。夏休みの宿題はたいていの人が8月31日の夏休みの最終日に慌ててやったことでしょう。私もそうでした(笑)。人は締め切りがないと動かないもの。

自分のエネルギーを整えてこなかった人にとって、**冬至は幸運へと向かう最後の締め切り**といっても過言ではありません。当日までに、自分のエネルギーを整えて、すばらしい未来に進みましょう。


冬至におすすめの開運アクションは、次のとおりです。

## 開運アクション① 断捨離をする

冬至の日のアクションではなく、**冬至「までに」やってほしいアクション**です。いままでの断捨離の項目（135・173ページ）を参考にして、徹底的にお部屋のエネルギーをすっきりさせましょう！　部屋の中の不要なものはバンバン捨てましょう。ふだん断捨離をしてこなかった人は、ゴミ袋で10袋くらいになるかもしれません。それくらいでいいのです！　物のエネルギーがない空間は龍神様もスイスイと飛びやすく、動きやすくなります。

冬至は**「断捨離の締め切り日」**だと思って、バンバン捨てましょう。

## 開運アクション② 大掃除をする

部屋の中の物がなくなったら、部屋中に掃除機をかけて、雑巾をかけて、ピカピカにしましょう。いわゆる大掃除ですね。

昔から日本では、大掃除は12月13日からはじめて28日までに終わらせる方が良いとされてきました。

江戸時代、12月13日は**「煤払《すすはら》い」**の日でした。

家の中はもちろん、外壁などにもはたきをかけたり、ほうきではいたりしていたのです。12月13日は「はじめの日」とも呼ばれていました。

このように**12月13日は縁起が良いため、大掃除をするには最適の日なのです。**

12月28日までを目途に終えるとされてきましたが、「冬至までに終わらせるぞ」と意気込んでやってみてください。

## 開運アクション③　冬至の七種《ななくさ》を食べて、柚子《ゆず》湯に入る

古来、日本に伝わる「冬至の七種」というものがあります。

**冬至に「ん」が2つつく食べ物を食べると、運気が倍増する**といわれていました。冬至の七種は次のとおりです。

**なんきん**：南京（南瓜・かぼちゃ）
**れんこん**：蓮根
**にんじん**：人参
**ぎんなん**：銀杏
**きんかん**：金柑
**かんてん**：寒天
**うんどん**：饂飩（うどん）

**冬至に食べるものとして特に有名なのが、南瓜（かぼちゃ）です。**前述のとおり、冬至は陰が極まり再び陽にかえる日なので、陰（北）から陽（南）へ向かうことを意味しており、冬至に最もふさわしい食べ物になりました。

また、かぼちゃはビタミンAやカロチンが豊富なため、風邪や中風（脳血管疾患）予防に効果的です。かぼちゃの収穫時期は夏ですが、長期の保存が効くことから冬に栄養をとるための暮らしの知恵でもあるのです。

また、冬至といえば**柚子湯**が欠かせません。

冬至の日に柚子湯に入ると、風邪をひかずに冬を越せると言われています。

**柚子《ゆず》＝「融通《ゆうずう》」がきく、冬至《とうじ》＝「湯治《とうじ》」**。

こうした語呂合わせから、冬至の日に柚子湯に入るという説もあります。もともとは、運を呼びこむ前の**厄払いを目的とする禊《みそぎ》**だったと考えられています。昔は毎日入浴していたわけではないので、一陽来復のために柚子湯で身を清めたのです。

冬が旬の柚子は香りも強く、その強い香りの力で邪気を払うという考えもありました。また、柚子は実るまでに長い年月がかかることから、「長年の苦労が実りますように」との願いも込められています。

もちろん、柚子湯には血行を促進して冷え性を緩和したり、体を温めて風邪を予防したり、果皮に含まれるクエン酸やビタミンCによる美肌効果もあります。さらに、芳香《ほうこう》によるリラックス効果もあります。

寒い冬を元気に越すためにも、柚子湯は大いに役立つのです。

## 大晦日《おおみそか》

大晦日は一年の最後の日です。今年一年の間に起きたことを振り返りましょう。

自分に恵んでいただいた幸運や、日々元気に生きていることに感謝する日です。

**今年一年、あなたは龍神様の優しいご加護をたくさんいただいてきたのです。**


もちろん、たいへんな苦労をしたこと、失敗したこともあったかもしれません。くよくよと悔やむことなく、**今年一年で良かったことを思い出しましょう。**

その良かったことは、来年、必ずやもっと良いことを呼んできてくれます。

**「今年はいい年でした」と楽観的にとらえて、ゆったりとした気持ちで新年を迎えましょう。**


師走ですから、仕事の仕上げやお正月の準備でいそがしいかもしれません。

それでも短い時間で大丈夫ですので、今年の良かったことを振り返ってください。その姿勢があれば、来年もきっと良い年になるでしょう。

12月31日の大晦日おすすめの開運アクションは、次のとおりです。

### 開運アクション① 年越《としこ》しの大祓《おおはらえ》に参加する

大晦日に神社では**「年越しの大祓」**が行われます。

年越しの大祓とは6月の夏越《なごし》の大祓（171ページ参照）と同じく、心身についた邪気を払う儀式です。夏越の大祓に参加した人は半年分の、参加していない人は一年分の邪気払いをしましょう。

大祓では人の形に切った白紙、**人形《ひとがた》**（形代《かたしろ》）で体をなでて自分の身についた穢《けが》れを移し、息を吹きかけて自分の身代わりとします。人形を奉納すると、31日の夕方に神職さんがお焚《た》き上げをして浄化してくださいます。

最近では郵送で届けてもらった人形を、返送する形で奉納できる神社もあるので、ウェブサイトなどで調べてみましょう。

神社によっては夏越の大祓のときと同じく、「茅《ち》の輪《わ》くぐり」が行われることもあります。氏神様や近くの神社で行っていたら、ぜひ参加してみてください。

基本的には、**自分の近所の氏神様へのお参りをおすすめします。** しかしお気に入りの神社がある人は、そこに足を運ぶのもいいでしょう。

31日の神社は、初詣の準備中のところが多いです。年明けに神社に参拝する人が多いので、31日の神社は比較的、落ち着いて参拝できます。もちろん、三が日の初詣はお正月らしい賑わいを体験できて楽しいですが、31日に神社に参拝して、今年一年を無事に過ごせたことのお礼を神様に伝えるのも良いものです。

なお、多くの神社では大晦日の午後3時から夕方頃までに大祓の神事が行われるため、午前中のうちに参拝するのがおすすめです。

## 開運アクション② お正月飾りを事前に飾っておく

一年の福を授けてくれる「**歳神様**《としがみさま》」を呼び込む準備をしましょう。

しめ縄飾りや門松、鏡餅といった正月飾りは、「歳神様」をお迎えする準備が整ったことを表す目印でもあります。

12月31日ではなく、できればもう少し前の、12月28日、遅くとも30日までには終わらせておきましょう。大晦日に飾るのは「一夜《いちや》飾《かざ》り」にあたり、神様に対して失礼だとされています。

お正月飾りの中でも特におすすめなのが、しめ縄飾りです。**しめ縄がある場所には不浄のものや悪霊が入らないとされているため、魔除けの役割も果たします。**

お正月にしめ縄を玄関に飾るのは、その家が歳神様を迎えるのにふさわしい場所であることを示すためです。昔の人は、ご先祖様の霊が山や田んぼの神となり、お正月には歳神様として訪問してくれると信じていました。

**しめ縄はその形から、龍を彷彿《ほうふつ》とさせます。**岡山県や島根県では、龍の形をしたしめ縄を作る習慣が残っています。

**しめ縄飾りを飾ると、歳神様と同時に龍神様も自宅に来てくれるのです。**

新しい年に龍のエネルギーを取り入れて、来年もすばらしい年にしましょう。

## 開運アクション③

# 龍神様と自分に感謝する

大晦日にはこの一年を振り返り、**龍神様からのご加護に感謝しましょう。**

あなたのそばには龍神様がいらっしゃいます。今年一年、龍神様を意識して過ごしたおかげで、龍神様とあなたはとても仲良くなりました。

一見、自分の力でなしとげたように見えることでも、じつは龍神様の強力なサポートがありました。

あなたのそばでずっと見守ってくれた龍神様のサポートを感じて、そして感謝を捧げましょう。**「龍神様、一年間ありがとうございました。来年もよろしくお願いします」**と龍神様に伝えるのです。すると、来年もきっと力を貸してくれます。

そして、もうひとり感謝すべき存在がいます。

それは**「自分」**です。

**あなたはこの一年間、本当にがんばりました。**どうぞ自分自身を労《ねぎら》ってあげてください。**「今年もがんばったね。ありがとね。来年もよろしくね」**と自分自身に優しい声をかけてください。

自分を労うことが苦手な人は、特にこの大晦日に「よくがんばったね」と自分に声をかけてあげてください。あなたは昨年よりも幸せになりました。

そして、あなたが幸せになった分、他の人にもその幸せが伝播《でんぱ》しました。

**来年も幸せがいっぱいで、愛がいっぱいの年にしましょう。**

# 第4章

# 開運日にぜひ行きたい！龍神の開運スポット

## 開運日に開運スポットに行くと、幸運がますます加速！

開運日には、ぜひ**開運スポット**に行ってください！

開運日とは、通常の日より良いことが起こりやすい日です。そして開運スポットは、**通常の場所より良いことが起こりやすい場所**です。いわゆるパワースポットのことであり、具体的には主に**神社仏閣**になります。

開運日に、神社に行く以外の開運アクションをとっても、もちろん効果があります。また、開運スポットに開運日以外の日に訪れることも効果的です。

ですが、**開運日に開運スポットに行くと、その効果は10倍、いや１００倍以上**

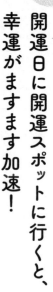

にもなるのです。一粒万倍日、天赦日、寅の日、巳の日などの開運日に、ぜひ開運スポットに行ってください。

## 参拝するだけで龍神様と仲良くなれる!

本章で紹介するのは、龍神様にゆかりが深い**龍神の開運スポット**です。

龍神様にまつわる神社は、拙著『龍のごとく運気が上昇する新しい時代の神社参拝』(KADOKAWA)で書かせていただきましたので、今回はそれ以外の神社(玉置神社だけは重複します)をご紹介させていただきます。

どの神社も、参拝するだけで龍神様のパワーがあなたに届きます。

## 開運するお参りの方法

開運日に龍神様の開運スポットに入ったら、必ずしてほしいことがあります。

それは、**龍神様に愛を伝える**ことです。

拝殿で龍神様に向かって**「大好きだよ、愛してるよ」**と伝えてください。

第3章の初詣のところ（112ページ参照）でもお伝えしましたが、私の研究結果によると、「愛してるよ」という言葉が一番波動が高く、龍神様や神様のパワーを引き出し、つながりやすくなる言葉なのです。

あなたの愛を龍神様に伝えてください。

愛を伝えさえすれば、その他の細かい作法やしきたりはそこまで気にすることはありません。**あなたの愛のこもった気持ちが一番大切です。**

**あなたが愛を龍神様に伝えることで、龍神様もあなたにたくさんの愛を届けてくださるでしょう。**

あなたと龍神様の間で愛の交流が生まれると、あなたの人生は奇跡でいっぱいになります。

良いことがたくさん起こって、幸せで豊かな人生へと方向が変わります。
「愛してるよ」とぜひ、龍神様に伝えてください。
あなたの人生は愛でいっぱいになります。

それでは、龍神様の開運スポットをお楽しみください。

# 玉置《たまき》神社

ご祭神

国常立尊《くにのとこたちのみこと》　伊弉諾尊《いざなぎのみこと》　伊弉冊尊《いざなみのみこと》
天照大御神《あまてらすおおみかみ》　神日本磐余彦尊《かむやまといわれひこのみこと》

◇場所　奈良県吉野郡十津川村玉置川1

## 「龍神の神社」といえばこちら！

「龍神の神社」といえば、玉置神社は絶対に外せません。

前述の『龍のごとく運気が上昇する新しい時代の神社参拝』でも詳しく触れましたが、特別に改めて紹介します。玉置神社は**「呼ばれないと行けない神社」**といわれています。なかなかたどり着くことが難しい場所で、実際に私が初めて訪れたときも、途中でカーナビが狂ってしまいました。

玉置神社は、樹齢何千年もの大木が何本も生えている山林の奥にあります。それはそれは、すばらしいご神気あふれる「聖地」です。特に、本殿前の鳥居の手前にある少し開けた広間は、宇宙から光のエネルギーが燦々《さんさん》と降りているように感じられます。この世のものとは思えない雰囲気に、ただただ圧倒されます。

こちらの**神社の境内にある「玉石社《たまいししゃ》」で、私は龍神様と出会いました。**「玉石社」には社殿はなく、「石」がご神体としてお祀りされています。ご祭神は大己貴命《おおなむちのみこと》。玉置神社がある熊野地方では、「龍神様」として祀られている神様です。

私はここで、**「もっと望みなさい」**というメッセージをもらいました。玉石社の龍神様は「お金を望んでもいい」とおっしゃったのです。それも、たくさん望んでもいいとおっしゃいました。

それまでの私は、経済的に困窮していながらも、お金を望むことは「はしたないことだ」と感じていたようです。ですが龍神様から望むように言われた私は、その頃から龍神様に素直に**「お金をください」**と求めるようになりました。

結果として私の収入は龍のごとく勢いよく急上昇し、年商1億円以上を継続して、いまでは海外にも活動の幅を広げる「幸せなお金持ち」になることができました。玉置神社は、苦しんでいた私を助けてくださったのです。「神様は本当に存在するんだ！　夢物語ではないんだ！」という実感を強く持つことができた最初の神社が玉置神社でした。

**「玉置神社は困った人を助ける神社、しかも、素直でピュアな人を助ける神社なのですよ」**

このように神職さんが教えてくださりました。

そのご神徳は私自身、身をもって強く感じています。このご恩に報いるため、私は著作の印税の全額を玉置神社の改修工事に奉納すると決めています。

日本の重要文化財である玉置神社は、一旦壊して建て直すことはできません。社殿の多くを一度分解して、同じ素材でまた組み直すという、果てしなく時間もお金もかかる改修工事が必要なのです。

ですから、あなたが支払ってくださったこの書籍代の一部は玉置神社に奉納されます。あなたも玉置神社の龍神様に貢献しているのです。

きっとあなたにも、玉置神社の龍神様のパワーが届くことでしょう。

# 出雲《いずも》大社

ご祭神

大国主大神《おおくにぬしのおおかみ》

◇場所　島根県出雲市大社町杵築東195

## 龍神様の大きな愛に包まれる！

出雲大社は、正確には**「いづもおおやしろ」**といいます。ご祭神は、日本神話において国をつくってきた神様、大国主大神です。

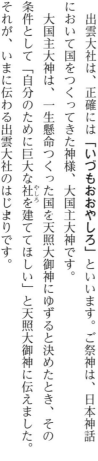

大国主大神は、一生懸命つくった国を天照大御神にゆずると決めたとき、その条件として「自分のために巨大な社《やしろ》を建ててほしい」と天照大御神に伝えました。それが、いまに伝わる出雲大社のはじまりです。

現在はそれほど巨大な建物ではありませんが、近年、巨大だった頃の社殿の遺跡が発見され、本当に壮大な建物が実在していたのだと話題になりました。

大国主大神は、天照大御神に国をゆずった後、幽世《かくりよ》を司る神様となります。幽世とは、神様の世界のことです。「オオクニヌシ」という名前から、現実世界にまつわる神様と思われがちですが、じつは神話をひもとくと、大国主大神はスピリチュアルな世界を司る神だったことがわかります。

そんな**出雲大社には、古代からの龍神伝説が残っています。**

出雲地方では、11月になると日本中の神様が一堂に集まる「神在祭」というお祭りがあります。神様たちは、海から出雲大社を目指してやってきて、稲佐の浜という海岸から上陸します。

この神様たちを先導するのが、龍神といわれているのです。

また、大国主大神の若いときの名前を大己貴命《おおなむちのみこと》といいますが、この「ナムチ」という言葉は、龍神を意味します。**日本をつくった国ゆずりの立役者は、龍のエネルギーを持った神様だった**のです。

雄大なエネルギーに包まれている出雲大社の拝殿前に立つと、大きくて優しい龍神様に包み込まれる感覚を味わえます。きっと、国をつくった大国主大神の**愛のエネルギー**なのでしょう。

また、本殿の裏手にある素戔嗚尊《すさのおのみこと》を祀った「**素鵞社**《そがのやしろ》」も必ずお参りしてください。こちらには、稲佐の浜の砂を奉納する場所があるので、先に稲佐の浜で砂をいただいてから向かいましょう。

私はここで宇宙とつながる感覚を体験しました。UFOのようなものが飛来するイメージが頭の中に浮かび、出雲大社は他の惑星と関連があると気づきました。すると、ひとりの男性がお社に向かって歩いてきたのですが、その方が着ていた服の背中にUFOの絵が描かれていたのです。

出雲大社の龍神様が「**そうだよ、その通りだよ、出雲と他の惑星は関連があるんだよ**」と言ってくれたように感じました。

これはあくまで私の体験ですが、出雲大社はこのような不思議なエネルギーに満ちあふれているパワースポットなのです。

# 須《す》佐《さ》神社

ご祭神

須佐之男命《すさのおのみこと》　稲田比売命《いなたひめのみこと》
足摩槌命《あしなづちのみこと》　手摩槌命《てなづちのみこと》

◇場所　島根県出雲市佐田町須佐730

## 黄金の双龍の鏡と出会える！

須佐神社は、出雲大社と同じく島根県の出雲市にある古社です。出雲大社と一緒に、ぜひ参拝してほしい神社のひとつです。

須佐神社のご祭神は、須佐之男命と稲田比売命です。稲田比売命のご両親である、足摩槌命と手摩槌命も一緒にお祀りされています。須佐之男命は日本神話における三貴子の一人で天照大御神の弟にあたり、日本神話の中でも重要な神様です。そして、古代出雲国の王になった神様でもあります。

興味深いのは、須佐神社の宮司さんは、須佐之男命の子孫だということ。日本神話に登場する神様のご子孫が、現在も神社で活躍していらっしゃることに驚きます。須佐神社に参拝すると、神話はおとぎ話ではなく実際に須佐之男命は実在したこと、神様と私たちの生活が地続きでつながっているのを実感します。

須佐神社の社務所の横には、**黄金の双龍がほどこされた鏡**があります。非常に強力なエネルギーを秘めた龍神様で、鏡の前に立つと、そこから風が吹きつけてくるようなパワーを感じます。ただの鏡ではなく、自分自身の中にいる神様を映し出す鏡だと感じました。**龍神様と鏡に映った自分がひとつになって、この宇宙にエネルギーの循環を巻き起こすというインスピレーションをいただきました。**

境内の奥には森があります。エネルギーが驚異的なほど透き通っていて、邪気祓いの効果がバツグンの場所です。太陽の光が森の中にキラキラときれいに差し込んでくるので、まるでおとぎ話の世界に入り込んだ気分にさせてくれます。

この場所で写真を撮ると、龍の姿のような線状の光がたくさん入り込んだ写真が何十枚も撮れたのです。

**龍の光が撮影できるということは、その場所のエネルギーが高い証拠です。**

須佐神社の横を流れる素鴨川も、非常にエネルギーの高い場所です。

須佐之男命のエネルギーと水のエネルギーが相まって、龍神様が寄りつきやすい場所になっているのは間違いありません。

本殿でお参りしているとき、私のそばに日本神話に登場するたくさんの神様が一緒にいてくださるのを感じました。私のことを神様たちが応援してくれているのを実感したのです。あくまで個人的な体験なので胸のうちに留めておこうと思いましたが、一緒に参拝した友人が私のことを見て目を丸くしていました。

この友人はスピリチュアル能力がとても高く、私が参拝しているようすを霊視していました。そして私に「お参りしている間中、たくさんの神様がSHINGOさんのまわりに見えたよ」と言うではありませんか！　私の感じたことと、友人の霊視が同じ内容だったので、神様がいてくださったのだと感動しました。

須佐神社を訪れた際に、あなたも不思議な感覚を味わうかもしれません。

それは、龍神様や神様があなたを応援している証拠かもしれませんね。

## 八《や》重《え》垣《がき》神社

ご祭神

素盞嗚尊《すさのおのみこと》
大己貴命《おおなむちのみこと》
稲田《いなた》姫命《ひめのみこと》
青幡佐《あおはたさ》久《く》佐《さ》日《ひ》古命《このみこと》

◇場所　島根県松江市佐草町227

### 縁占いにドキドキ！

八重垣神社は島根県松江市にある、日本神話の舞台となった神社です。

伝承では、**素盞嗚尊が八岐大蛇《やまたのおろち》を退治して、夫婦となった稲田姫命と暮らした場所**といわれています。八岐大蛇から稲田姫命を救い出し、愛する女神をめとった素盞嗚尊は次のようなよろこびの歌を歌いました。

「八雲立つ　出雲八重垣　妻込めに　八重垣造る　その八重垣を」

八重垣というのは、八岐大蛇から稲田姫命を守るためにつくった場所のことで、歌の中に3回も使われています。八重垣の言葉を重ねていることに、素戔嗚尊の稲田姫命に対する深い想いが表れているようです。現代語訳すると、次のとおりです。「たくさんの雲が立ち上るようなすばらしい出雲に、妻を守るために八重垣をつくった。ああ八重垣、八重垣に行きたい！（稲田姫命に会いたい）」

この日本神話に登場する場所が、現在も残されているのが八重垣神社です。神話がフィクション（架空のお話）ではないことを肌で感じられる神社なのです。

八重垣神社には、境内の裏手にうっそうとした森がひかえています。**「佐久佐《さくさ》女《め》の森」**と呼ばれています。そこにある鏡の池のそばで、稲田姫命は水を飲んだり、池の水面を鏡にしてご自身の姿を映したりしたと伝わっています。

さて、八重垣神社では**縁占い**が有名です。

社務所で占い用紙をいただいたら、鏡の池に用紙を浮かべましょう。その上に10円または100円玉をそっと乗せるのです。

このとき、用紙が早く沈めば（15分以内）縁が早くやってくる、遅く沈むと（30分以上）縁が遅くやってくるといわれています。

実際にやってみると、占い用紙が沈むのを「いまかいまか」と待っている間、心がとてもワクワクします。ぜひ占いをしてみてください。

占いが終わったら、池の奥に鎮座している稲田姫命がお祀りされた**「天鏡神社」**にも、忘れずにお参りしてくださいね。ものすごいパワーを秘めた神社です。

八重垣神社の境内で、龍神様から私に次のようなメッセージが降りてきました。

**「龍は悪者ではなく、その者の能力や才能を引き上げる存在である」**

第1章で紹介した悪龍についての情報は、八重垣神社で降りてきたのです。

神話では八岐大蛇は「悪役の龍神」として登場しますが、本当の役割は素盞嗚尊の前に立ちはだかることで、彼の能力を引き上げ成長させるためだったのです。

素盞嗚尊は、以前は大暴ればかりする乱暴な神様でした。しかし、八岐大蛇を倒して稲田姫命を妻にすることで、自分のあふれるパワーをコントロールできるように変化しました。正しい方向に進んだ素盞嗚尊は、結果として「地上の王」になることができたのです。

龍神様は、あえて悪者として描かれていたのですね。

## 白山《はくさん》神社（新潟県）

ご祭神
菊理媛《くくりひめのおおかみ》大神
伊邪那岐命《いざなぎのみこと》　伊邪那美命《いざなみのみこと》

◇場所　新潟県新潟市中央区一番堀通町1-1

### 金龍のエネルギーが受けられる！

日本で一番神社が多い県は新潟県です。そんな新潟の総鎮守の神様が、白山神社。たくさんの神社や神様をすべて鎮めて守るのが、この白山神社になります。

白山神社のご祭神は、菊理媛大神と伊邪那岐命、伊邪那美命です。日本神話の中で菊理媛大神が登場するのは、国生みの神様である伊邪那岐命と伊邪那美命がはげしい夫婦ゲンカをしたときです。ケンカの仲裁をしたのが菊理媛大神でした。おかげで伊邪那岐命と伊邪那美命は仲直りをし、その後、天照大御神、月読命《つくよみのみこと》、須佐之男命という日本神話を代表する神様が生まれます。菊理媛大神がいなければ、日本の総氏神である天照大御神も生まれていなかったかもしれません！

そう考えると、菊理媛大神は日本の創世に対して、極めて重要な役割を果たした神様だったとわかります。**菊理媛大神の「くくり」とは「括《くく》る」を意味し、別々のものをひとつにする力を表しています。菊理媛大神は縁結びの神様なのです。**

私は、日本人が世界に誇る能力にこの「**くくり」の力**を挙げたいと思います。

歴史を振り返ると、日本人は海外から新しい宗教や信仰が入ってきたときに、その神様を排除するのではなく、基本的に受け入れてきました。在来の日本の神様と同一視したり、仲良くしたりすることで、独自の文化を築いてきたのです。

例えば、インドの神様であるサラスヴァティはもともとは水の女神様ですが、仏教では弁財天となり、日本神話に登場する市杵島姫命《いちきしまひめのみこと》と同一視されています。**外国から来た神様も日本の神様も、みんな一緒に仲良くさせてしまう能力は、まさに「くくり」の力です。**世界的にみると、これは非常に珍しいことです。

世界では、他の宗教が入ってきた場合、その宗教を排除したり、ときには戦争にまで発展したりすることもあります。そういう意味でも、仲良く調和をもたらす日本人特有の「くくり」の力は、海外からも注目されているのです。

白山神社は、全部で18ものたくさんの神様がお祀りされていることでも有名です。立派な本殿のたたずまいはもちろん、それ以外にも美しい摂社・末社があります。とりわけ参拝していただきたいのが、**「黄龍神社」**です。

黄龍は金龍ともいわれ、参拝すると金龍のエネルギーを受け取ることができます。また、社務所の近くの黄龍の手水《ちょうず》と呼ばれる場所では、金色の龍が口から水を出しています。金龍のエネルギーを帯びたお水で手を清めると、龍神様のご加護を厚く受けることができるのです。

また、触れると願いがかなう黄金の宝珠や、大きな木彫りの龍神様もあります。

なにより特徴的なのが、**龍神様の顔をかたどった絵馬**です。ぜひ**「金運龍《きんうんりゅう》如《じょ》爆上《ばくじょう》」**と書いて奉納してください。菊理媛大神は水神様ともいわれているため、龍神様だと考えられます。白山神社で龍のエネルギーをたくさん感じてください。

# 洞《とう》爺《や》湖《こ》

ご祭神

龍神様がいらっしゃる！

◇場所　北海道虻田郡洞爺湖町

## 白龍と黒龍に出会えるかも！

洞爺湖には、古くから龍神様が住んでいるという伝説があります。また、「龍が集まる場所」ともいわれています。湖や池に龍神様が住んでいるという伝説は日本各地に残っていて、洞爺湖もそのひとつです。

私が洞爺湖を訪れたとき、湖の上空に大きな龍神様が見えました。その龍を見つめているだけで、体中のエネルギーが高まって心臓がドキドキしました。

洞爺湖の面積は70・74㎢ととても広く、その中央には「中島」という島があります。フェリーで中島に到着すると、まずは**大黒天**《だいこくてん》・**恵比寿**《えびす》・**菅原道真公**《すがわらのみちざね》の3つのお社が出迎えてくれます。島の守り神のようなので、手を合わせてから島の奥へ進みましょう。林の中を進むと、突如として大平原が広がっている場所があり、そこに龍神様がいらっしゃいます。

私は、この場所で白龍と黒龍の2柱の龍を見ました。白龍と黒龍は、私に願いごとを言うように促してくださいました。

じつは洞爺湖を訪れる前日、私は今後の未来について真剣に考える時間をとっていました。当時は次から次へと殺到してくる目の前の仕事に追われるばかりで、新しいことに挑戦できずにいました。「自分の仕事を発展させてくれるパートナーがほしい」と思った私は、仕事の具体的な内容や人物像を書き出していました。その結果、7人のパートナーが必要という結論に至り、その人たちのことを仮に**「私を助けてくれる七龍神」**と名づけていたのです。

私は洞爺湖の白龍と黒龍に「新しいことをどんどん進めて、もっと多くの人に幸せになってほしいと思っています。どうか、私を助けてくれる七龍神に出会わせてください。私もがんばります」とお願いしました。

すると、どうでしょう！　私が望んだとおり、7人のパートナーと出会えたのです！　しかもこの7人は私が思い描いていた人物とドンピシャでした。新しい出会いがあるたびに「七龍神の条件にピッタリな人だ！」と驚きの連続でした。

七龍神と協力し合うことで、人生を飛躍させることができたのです。

お願いごとを叶えてくださる洞爺湖の龍神様に、ぜひ会いに行ってください。

## 龍宮窟《りゅうぐうくつ》

ご祭神

龍神様がいらっしゃる！

◇場所　静岡県下田市田牛

### 愛のエネルギーに満ちた龍神様に会える！

静岡県下田市にある龍宮窟は、近年注目を集めているパワースポットです。波が崖《がけ》に打ち寄せることで削られた、美しい洞窟です。

直径40～50メートルほどの天窓がひろがっていて、洞窟の中から上を見上げると、天井にぽっかりと空いた大きな穴から空が望めます。

一方、上から見下ろすと**ハート型**の地形が浮かび上がります。そのハート型にあやかり、絆を深めたい夫婦やカップルがたくさん訪れているようです。

「龍宮窟」というように、**龍の名前がついた洞窟には必ず龍神様がいます。**

実際に、私が訪れたときにも、洞窟に入る前から龍神様のエネルギーが感じられました。しかも、**超巨大サイズの龍神様**です。

私はまず、洞窟の周囲を観察しようと、遊歩道を歩きはじめました。

その日は休日だったので、家族連れやカップルで賑わっており遊歩道は大混雑。

おのずと歩く速度も遅くなり、なかなか前に進むことができませんでした。

ゆっくりと歩みを進めながら、洞窟の内部をのぞき込んだそのときです。

洞窟の中にいる龍神様が、私に語りかけてくれました。


**「早く来なさい、伝えたいことがあります」**


そこで私は大勢の観光客をかき分けながら遊歩道を進み、龍宮窟の内部に入りました。龍宮窟の内部はすでに観光客で満員状態でした。ところが、私が洞窟の中に入って手を合わせていると、不思議なことにものの5分で観光客は誰ひとりいなくなりました。龍神様がふたりきりで話す環境をつくってくれたのです。

その龍神様は、よく見ると超巨大であると同時に愛のエネルギーに満ちあふれた龍神様でした。洞窟の形がハート型をしていることと、関連があるのでしょう。

そして**「私のエネルギーを各地に運んでほしい。出雲の稲佐《いなさ》の浜に運んでほしい」**とおっしゃられました。

そのお願いを引き受けて、私は数カ月後、弟子の龍使いたち20名ほどと一緒に稲佐の浜に行きました。詳細は稲佐の浜の項目をお読みください。

## 稲《いな》佐《さ》の浜（弁天島）

ご祭神

豊玉毘《とよたまび》古命《このみこと》

◇場所　島根県出雲市大社町杵築北

### 日本各地から、神様が目指してくる？

稲佐の浜は、島根県にある出雲大社の西方に位置する海岸です。国ゆずりや国づくり神話と深いゆかりがあるパワースポットです。この浜には弁天島という小さな島があり、岩上に豊玉毘古命を祀る小さな祠《ほこら》があります。

白い砂浜は南へ向かって美しい弧を描きながら長く伸びていて、「日本の渚《なぎさ》100選」にも選ばれています。また、弁天島をシルエットにして夕日が沈む風景は美しく、「日が沈む聖地出雲」のシンボルとして日本遺産にも登録されているほどです。

夏になると海水浴場として賑わっていますが、日本神話では、大国主大神が高天原から派遣された武甕槌神《たけみかづちのかみ》と国ゆずりの交渉をした場所として登場します。「神在月」のお祭りのときには、日本各地の神様が上陸してくる場所でもあるのです。そのとき、各地の神様の先導役を務めるのが龍蛇神と呼ばれる龍神様です。

弁天島にお祀りされている豊玉毘古命は、別名を綿津見神《わたつみのかみ》と言い、海の神様で龍神様でもあります。このように、龍神様との関係がとても深いパワースポットなのです。

龍宮窟のところで触れたように、龍宮窟の龍神様から「私のエネルギーを稲佐の浜に届けてほしい」と言われた私は、弟子の龍使い20名ほどと、この稲佐の浜を訪れました。

弟子たちには事前に、「自分の住んでいる土地の龍神様に縁が深い場所を訪れて、そのエネルギーをおすそわけしていただくように」と伝えてありました。

弁天島に着くと、そこには大きな白龍がいらっしゃって、私たちを歓迎してくれているようでした。ただ、少しお元気がないようにも見えたのです。

そこで私と弟子たちは手をつないで円をつくり、それぞれの土地でいただいてきた龍神様のエネルギーを集中させました。そのエネルギーと自分たちの愛のエネルギーを、弁天島の白龍神に流したのです。私はさらに、龍宮窟で受け取った龍神様のエネルギーもお流ししました。

すると、信じられないことが！

なんと弁天島の上空に、**巨大な龍神様の顔をした雲**が浮かび上がったのです。角《つの》に目に鼻、髭《ひげ》まではっきりとあるではないですか！

通常、龍雲といえば龍の体のような帯状の形や、龍の横顔のような形の雲を指します。しかし、このとき現れた龍雲は、珍しいことに龍の正面のお顔でした。

稲佐の浜の白龍神様を改めて見ると、先ほどよりも力強く元気なお姿に変わっていたのです。私たち龍使いの愛のパワーが、龍神様に届いたのだと気づくと、うれしい気持ちでいっぱいになりました。

稲佐の浜は、龍神様のエネルギーが満ちているパワースポットなのです。

# 北白川天神宮《きたしらかわてんじんぐう》

ご祭神　少彦名命《すくなびこなのみこと》

◇場所　京都府京都市左京区北白川仕伏町42-1

## 縄文時代から続くエネルギー！

北白川天神宮は、京都の銀閣寺の近くにある小さな美しい神社です。北白川天神宮のある北白川という場所には、縄文時代から集落があったそうです。土地のエネルギーが高くて、住みやすい環境だったことがわかります。境内に入ると、すがすがしいご神気が境内に広がっていることにすぐ気づきます。約600年もの古い歴史がある神社で、摂社や末社にも歴史があり、昔からの日本の良きエネルギーを感じることができます。

北白川天神宮のご祭神である少彦名命は、大国主大神とともに日本国中に農業や学問、病気平癒《へいゆ》などの技術を伝え、日本の礎を築いた神様とされています。

一寸法師のモデルともいわれ、ガガイモの葉でできた船に乗り、海の向こうの天界からやって来ました。天界から水とともに来た神なので、少彦名命も龍神様だと考えられますね。**少彦名命は、特に病気治癒の神様として有名**です。体調不良や持病がある方は、この地で癒されるのをおすすめします。

こちらの手水舎には、地元の人たちがよく通っています。その理由は飲料水として認められているからで、地元の人たちがお水を取りにやって来るのです。

京都は湧き水が豊富ですが、基本的には煮沸《しゃふつ》しないと飲めないそうです。北白川天神宮のお水は、煮沸しなくても飲める貴重なお水です。

**湧き水が澄んでいてきれいな場所には、必ず龍神様がいらっしゃいます。**

私が参拝したとき、龍神様のご機嫌が良かったようで風がビュービューと吹いていました。境内全体に龍神様のエネルギーを感じますが、特に名水がある手水舎は強く感じました。縄文時代から続く、水と龍のエネルギーを感じてください。

# 神泉苑《しんせんえん》

ご本尊　聖観世音菩薩《しょうかんぜおんぼさつ》

◇場所　京都府京都市中京区門前町１６７

## インドの龍の女神様と会える!?

神泉苑は京都の中でも、龍神様と深いご縁のある場所です。「お花見」の項目（140ページ参照）でも触れましたが、さらに詳しく解説しましょう。ときは平安時代、ひどい干ばつに頭を悩ませていた当時の淳和天皇は二人の僧侶に雨乞いを命じます。ひとりは守敏《しゅびん》。もうひとりは弘法大師《こうぼうだいし》空海です。

空海をライバル視していた守敏は、空海の雨乞いを失敗させようと日本中の龍を封印してしまいます。当時の雨乞いとは、龍神様に雨を降らせてほしいとお願いするものでした。守敏は日本中の龍を封印し、空海の雨乞いを邪魔したのです。

空海は雨乞いのために龍を呼び出そうとしますが、龍神様がどこにも見当たりません。仕方がないので遠くインドに住む龍の女神、善女龍王《ぜんにょりゅうおう》を日本に召喚します。雨乞いは見事に成功！　守敏の悪だくみは空海や天皇にバレてしまいます。

このとき空海が呼んだ善女龍王が、神泉苑の池にいまでも住んでいるのです。

**日本中に恵みの雨をもたらした最強の龍女神である善女龍王**が、池の中にいらっしゃるなんて、とってもワクワクしてきませんか？

私が善女龍王の祀られているお社に来たとき、温かい風のようなエネルギーがお社から吹いてくるのを感じました。その優しく包み込むような穏やかなエネルギーに触れた私は、しばらくの間、思わず手を合わせていました。善女龍王は恵みをもたらす龍神様なので、**金運上昇のエネルギー**が吹いていたのでしょう。

境内の東側には同じく龍神様の女神である弁財天様もお祀りされています。弁財天様も金運上昇の神様なので、**財運アップ**が期待できるお社です。元祖龍使いの空海にゆかりがあり、龍の女神のいる神泉苑、ぜひ参拝していただきたいです。

## 神護寺《じんごじ》

ご本尊 薬師三尊《やくしさんぞん》

◇場所　京都市右京区梅ケ畑高雄町5

### 空海が彫った不動明王像と会える！

ここは、知る人ぞ知る場所なので、本当は教えたくありません。あなたにだけこっそり教えますね。

神護寺は、京都にある空海ゆかりのお寺です。龍使いの元祖である空海は、真言宗の開祖で高野山に金剛峯寺《こんごうぶじ》を開創した方として有名ですね。その空海が高野山で開創する前の時代、14年間修行をしていた場所がこの神護寺です。

実際に空海が修行していた、大師堂という場所が現存しています。

境内の奥には、**「かわらけ投げ」**を行う場所があります。かわらけ投げとは、高い場所から土でできた小さなお皿を投げて、邪気を払う方法です。神護寺から見える豊かな山々に向かって小皿を思いっきり投げていると、気持ちが解放され、とてもスッキリするのでおすすめです。

また、神護寺にある国宝の**薬師《やくし》如来像《にょらいぞう》**も必見です。

この薬師如来像は、仏像の中で2番目に国宝に認定されました。薬師如来は、病気平癒の仏様で、英語では「ヒーリングブッダ」と表現されます。

薬師如来像の前に立ったとき、私は自分の気持ちが非常に楽になるのを感じました。一般の人でも間近に見られるので、神護寺にお立ち寄りの際はぜひお参りしてください。

空海が神護寺に来たとき、龍の女神である善女龍王を召喚して、神護寺の守り神にしたと伝わっています。このような歴史のある神護寺の境内は、龍のエネルギーがいつも満ちていて、その力を感じやすい場所なのです。

神護寺を長い間守ってきた善女龍王は、現在では神護寺の境内ではなく、神護寺から歩いて10分ほどに位置する**「青龍宮」**で祀られています。青龍宮にも参拝しましたが、非常にパワフルな龍神様のエネルギーを感じることができました。

さて、空海は神護寺で一体の**不動明王像**を彫り上げます。

「一刀三礼《いっとうさんらい》」といって、一彫りごとに三度礼拝して、祈りを込めて彫られたそうです。そのようにして彫り上がった不動明王像が、次の項目で紹介する成田山新勝寺にいまでもお祀りされています。

ちなみに、私は海外でセミナーを行う際は「SHINGO RYU」という名前で活動しています。この名前に漢字を当てると**「神護龍」**です。私のSHINGO以外のもうひとつの活動ネームが、「神護龍」なのです。

こうした理由からも、神護寺には個人的に強いご縁を感じています。

空海と龍神様のエネルギーがあふれる神護寺に、ぜひご参拝ください。

# 成田山新勝寺《なりたさんしんしょうじ》

ご本尊　不動明王

◇場所　千葉県成田市成田1

## 空海と龍神様のダブル・パワー！

千葉県成田市にある、代表的なパワースポットといえば、成田山新勝寺です。初詣には、三が日だけで例年３００万人以上が訪れるといわれています。

そんな成田山新勝寺にお祀りされているのが、**不動明王様**です。不動明王は大《だい》日如来《にちにょらい》の化身《けしん》とされ、私たちの**心の迷いや煩悩《ぼんのう》を取り除く仏様**です。

そのお顔はとても怖いですが、じつは私たちをより良い方向に導くために、あえて怖い顔をしているのです。右手には龍が巻き付いた剣を持っています。これは**倶利伽羅剣**《くりからけん》といい、人々の迷いや不安を断ち切る剣です。

成田山新勝寺で、ぜひ体験していただきたいのが**御護摩**《おごま》（**護摩焚き**《ごまた》）です。

護摩焚きは本堂の中で行われる密教の儀式で、太鼓の音や僧侶の読経《どきょう》、そして何より中央の護摩焚きの火が、私たちの邪気を払ってくれます。心の底からスッキリすること、間違いありません！

また、広大な境内にはたくさんの仏殿があり、一日中楽しめるほどです。

私は2017年の7月頃から半年ほどの間、毎月1回、新勝寺にお参りに行っていました。というのも、不動明王様から「毎月来なさい」というメッセージをいただいたからです。当時、私は自分のスピリチュアル能力を開花させるべく懸命に取り組んでいましたが、新勝寺にお参りするようになってからというもの、より一層スピリチュアル能力が向上したのを感じています。

本殿にある不動明王像は、神護寺の項目で申し上げたとおり、神護寺で空海が彫った不動明王像です。その像を運んだのは、寛朝《かんちょう》という僧侶でした。

神護寺にあった不動明王像が成田山に移され、その不動明王像を中心に成田山新勝寺が開かれました。成田山新勝寺の正式名称は、「成田山金剛王院神護新勝寺」といいます。神護寺の**「神護」（SHI－NGO）**という文字が名称に含まれているのです。

このように、私とご縁の深い成田山新勝寺ですが、ある日、信じられないことが起こりました。知人のバースデーパーティーに出席したとき、お会いした男性から突然、「SHINGOさん、成田山新勝寺の参道にお店を出しませんか？」と言われたのです！　その男性とお会いするのは2回目で、最初にお会いしたときから印象が良くて、またお話ししたいなと思っていた方でした。その気持ちを正直に伝え、談笑をしている最中に、先ほどのお誘いをいただいたのです。

以前からご縁を感じていた、成田山新勝寺のお話ということにビックリしました。さらに詳しく伺うと、参道のど真ん中で参拝客がたくさん通る場所にある物件をご紹介してくださったとわかり、またしてもビックリです。私のような店舗の出店経験がない人間に来る話としては、異例の好立地だったのです。

すぐに私は、**「これは龍の計《はか》らいだ！　龍神様が龍のお店を出してほしいと言っているのだ。でなければ、こんな好立地にお店を出すことなんてできっこない。これはやるしかない!!」**と、二つ返事で「やります!!」と答えていました。

やると決めたものの、どうしたらお店をつくり、運営できるのかまったくわかりません。しかし、ここでも龍神様は私にお力を与えてくれました。

出店に関するプロフェッショナルな人たちが、私のもとにどんどん現れたのです。内装を手掛けてくださる方、商品をつくってくださる方、実際に店舗運営をしてくださる方……と、どんどん必要な人が集まってきました。そして、たった4カ月という短い期間で、**「龍神さまの開運堂」**のオープンが実現したのです。

お店の入り口にある手水舎は、店の裏で湧いている湧き水を使っています。お店を契約するとき、湧き水があるとは知りませんでした。お水は龍神様と密接に関係するものです。この湧き水ひとつとっても、龍神様のご縁を感じます。

店内には巨大な龍の置物も置きました。龍の背中に乗ることができるオブジェです。実際に「龍の背中に乗る」感覚を体験できます。「巨大龍の背中に乗ったら、金運が上昇しました！」というよろこびの声は、枚挙にいとまがありません。

さらに、店内の奥に神社もつくってしまいました。二拝二拍手一拝の作法でお参りすると、黄金の龍神様が壁と天井を伝って現れます。プロジェクションマッピングの技術を使ったデジタル参拝です。

店舗のコンセプトは**「来るだけで龍のパワーが得られる開運エンターテインメントショップ」**。このお店から数々の開運物語が生まれています。

成田山新勝寺にお越しの際は、ぜひお立ち寄りください！

**「龍神さまの開運堂」**

◇所在地　〒286-0027 千葉県成田市仲町394

（表参道中央付近「成田観光館」の2軒となりにございます）

アクセス　JR成田駅（東口）より徒歩10分　京成成田駅（東口）より徒歩15分

成田ICより車で10分

HP　https://ryujin-kaiun.com

# あとがき――龍とともに生きる

最後までお読みいただきまして、本当にありがとうございました！
本一冊を最初から最後まで読み進めていくのは、たいへんな労力がかかります。
貴重な時間をこの本に割いていただいたことに、心から感謝申し上げます。
龍神様と開運日について書いたこの本、いかがでしたでしょうか？

古来、日本人が脈々と受け継いできた**開運日、季節の行事、そして神社・仏閣。**
それらのパワーをいただくことで、あなたはどんどん開運していくのです。
**開運するとは「自分らしく生きる」ということ。**
あなたが自分らしく生きれば生きるほど、あなたは幸せになります。
そして同時に、身の回りの人も幸せになるのです。
私は多くの人が、自分らしく生きる世の中になればと願っています。
そして**私たちが自分らしく生きるとは、「龍として生きる」のと同じ**ことだと思っています。「それって、どういうこと？」と疑問を抱かれるかもしれません。

私は、日本人はかつて「**龍族だった**」と考えているのです。龍族とは人間に転生する前に、**龍であった過去生**を持つ人たちのことです。

突然、「龍族」という言葉が飛び出して、びっくりされるかもしれません。

言い換えると、日本人は「**龍とともに生きてきた**」のです。

これは私の妄想では決してありません。数多くの方々が証言しています。

令和の今上《きんじょう》天皇である徳仁《なるひと》天皇陛下が、２０２２年に熊本で行われたアジア・太平洋水サミットという世界的な会合で、日本のルーツについてスピーチをされました。

天皇陛下は古来、アジア・太平洋地域では水への信仰があり、各地でヘビや龍神信仰があったことにお触れになりました。陛下は日本人が古代から水を信仰しており、日本各地で龍神信仰が見られ、縄文時代にはすでに土器にヘビの紋様や形態が見られるともお話しされました。

古代の日本社会では、水神様としてヘビや龍が祀られていたのです。

天皇陛下が龍神についてお話をされたことはたいへんな驚きですが、それだけ、日本人にとって龍神様は深い関わりがあったということです。

また、ニュージーランドの先住民族、ワイタハ族の長老であり、シャーマンでもあるテ ポロハウ長老は、著書『銀龍（ワイタハ）から金龍（ヤマト）へ』（ヒカルランド）において、「日本人はシリウス星からやってきた龍族であり、すべての龍族のリーダーである金龍である」とおっしゃっています。

一方、ワイタハ族は銀龍であり、金龍である日本人をサポートする役割を持っているのだそうです。日本人が金龍に目覚めるために、テ ポロハウ長老はたびたび日本を訪れていらっしゃいます。

私たち日本人の祖先である縄文時代の土偶は、まるで宇宙人のような形をしていますね。ひょっとしたら、テ ポロハウ長老がおっしゃるように、私たち日本人の祖先は宇宙人なのかもしれません。

さらには前述のとおり、陛下が縄文土器ではヘビ（龍）の形状が施されたものも多数見られているとお話されたことを考え合わせると、私たち日本人のルーツは宇宙から来た龍族なのかもしれません。

**日本列島は龍の形**をしています。

また、日本の各地には**「龍穴《りゅうけつ》」**と呼ばれる、地脈のエネルギーが集約する場所があります。龍穴と龍穴とは、**「龍脈《りゅうみゃく》」**というエネルギーの通り道でつながっているといわれています。

天皇陛下のスピーチ、縄文土器、水信仰、テポロハウ長老の証言、日本列島の形、龍穴の存在……これらを複合的に考えたとき、日本は「龍の国」であり、そして、私たち日本人は「龍族」であると言えるのではないでしょうか。

**私たち日本人は、龍とともに生きてきたのです。**

私は今後、この日本が龍に目覚め、自分が龍として生きる人たちが増えてくると考えています。**龍に目覚めると、争いのない、愛にあふれた世界が訪れます。**

なぜなら、**龍自体が愛の存在**だからです。

本書があなたの龍の目覚めの一助となれば幸いです。

さて、本書を手にとっていただいたあなたに、感謝の気持ちを込めたプレゼントをご用意しました。龍神様の開運エネルギーを最大限に受け取れる贈り物です。

巻末の**「龍の最強開運日お守りカード」**は、天からさんさんと注がれるまばゆい光と豊かな稲穂の実り、そして龍神様が描かれています。天からの光は本文でご紹介した「天赦日」、稲穂の実りは「一粒万倍日」を表現しています。すなわち、105ページでご紹介した「最強開運日」が表現されたお守りカードです！

もちろん龍神様のエネルギーもふんだんに込められていますので、切り取ってお使いください。お財布の中に入れたり、額縁に入れて神棚に飾っていただくのも効果的です。

さらに**「スマホを見るだけで開運！　龍の最強開運日待ち受け画像」**を本書の読者であるみなさま全員に無料でプレゼントいたします。これは、「龍の最強開運日お守りカード」を待ち受け画像にしたものです。

毎日が最強開運日になるほど強力です！

私も本の執筆中から、自分のスマホを「龍の最強開運日待ち受け画像」にしました。天からの光、豊穣の稲穂、そして、龍。この三位一体のエネルギーが、意識せずとも目に入ってきます。ちょうど、待ち受け画像を変えたころに大きな仕事が舞い込み、**強力な開運パワー**を肌身で実感しています。

本書の公式ＬＩＮＥのＱＲコードから、公式ＬＩＮＥへのご登録をお願いします。登録後、「龍の最強開運日待ち受け画像」が送られてきます。あなたのスマホにダウンロードしてお使いください。

さて、本書を気に入ってくださった方へのお願いです。

ぜひ、私のＳＮＳメディア（YouTube、Blog、Instagram、Twitter、Voicy）をご覧ください。日々、開運日や龍神様に関する情報を無料で発信しています。

また、私はリアルの場でみなさんとお会いする機会をたびたび設けています。講演会情報などはSNSで随時発信しています。SNSをフォローしていただき、ぜひ、リアルな場でお会いしましょう！

あなたと**龍神様のご縁**が深まりますように。
ずっと、ずっとお祈りしています。
これからもどうぞ、よろしくお願いいたします。

龍と海と富士山がよく見えるオフィスにて

SHINGO

※本書の印税は、玉置《たまき》神社様（244ページ参照）の大改修工事に全額寄付させていただきます。

本書は本文庫のために書き下ろされたものです。

# 龍神《りゅうじん》のすごい開運《かいうん》日《び》

著者　SHINGO（しんご）
発行者　押鐘太陽
発行所　株式会社三笠書房
〒102-0072 東京都千代田区飯田橋3-3-1
電話　03-5226-5734（営業部）03-5226-5731（編集部）
https://www.mikasashobo.co.jp
印刷　誠宏印刷
製本　ナショナル製本

 ISBN978-4-8379-3055-6 C0130


＊落丁・乱丁本は当社営業部宛にお送りください。お取替えいたします。
＊定価・発行日はカバーに表示してあります。

王様文庫

# 龍の最強開運日
## お守りカード

天からの光は「天赦日」を、
稲穂の実りは「一粒万倍日」を表しています。
「天赦日」と「一粒万倍日」が重なった「最強開運日」と、
龍神様のエネルギーが合体したカードです。
切り取って、お守りとしてお使いください。